Ubi tu ibi ego

Io sono quel suono
Il "Flauto d'Oro" della Nuova Musica
di Paolo Totti

Collana Ricerca e saggistica/4
Curatrice della collana: Chiara Lerza
© Copyright 2018 Riccardo Condò Editore
Tutti i diritti sono riservati
ISBN 9788897028734
Stampato da Amazon Kdp, U.S.A., su licenza di Riccardo Condò Editore

Si ringraziano Galliano Passerini e Gian-Luca Petrucci per la loro disponibilità
La foto di copertina è di Galliano Passerini
Prima edizione
www.ipersegno.it
Ipersegno è un marchio editoriale di Riccardo Condò Editore, Pineto (Te).

Paolo Totti

Io sono quel Suono
Il "Flauto d'Oro" della Nuova Musica

*Omaggio a Severino Gazzelloni
nel centenario della nascita*

2019
IPERSEGNO

*E io ho soffiato, soffiato. D'improvviso dalla canna è uscito il suono,
e insieme al suono anche il mio cuore, che mi premeva in gola, spingeva,
quasi mi soffocava, non capivo più niente. C'era solo quel suono che usciva
dal flauto e contemporaneamente entrava dentro di me, s'infilava nel mio
cervello, nelle ossa, nello stomaco. Quel suono era tutt'uno con me. Da
allora è sempre stato così. Ogni volta che dal flauto mi escono le prime note,
ritrovo l'emozione e lo stupore del mio fiato che diventa suono,*
io sono quel suono.

Severino Gazzelloni

Sommario

Introduzione 11

Capitolo primo

1.1. La scuola flautistica francese 15
1.2. La scuola flautistica italiana 20

Capitolo secondo

2.1. La figura chiave di Severino Gazzelloni nell'ambito
dei Ferienkurse di Darmstadt 33
2.2. La *Sonatine* di Pierre Boulez 48

Capitolo terzo

3.1. La "*Gazzelloni-Musik*" in tre opere fondamentali:
Y su sangre ya viene cantando di Luigi Nono
Sequenza I di Luciano Berio
Il Concerto di Goffredo Petrassi 53

Testimonianze inedite 71

Intervista ad Armando Gazzelloni 77

Conclusione 81

Bibliografia 85

La figura di Severino Gazzelloni a ventisei anni dalla sua scomparsa e cento dalla nascita presenta dei lati tutt'ora scarsamente analizzati sia per quanto riguarda la profonda impronta lasciata nell'ambito della interpretazione flautistica sia, e soprattutto, nell'azione stimolante e per taluni versi quasi provocatoria attuata nei confronti di compositori di grande calibro che in lui trovarono l'esecutore perfetto per brani che ben presto travalicarono per la loro importanza musicale il mero repertorio flautistico.

Si comprende infatti ora più che mai, con la lucidità del tempo trascorso che permette timidi bilanci, che l'eredità lasciata vacante nell'ambito della scuola flautistica italiana non sia poi stata quella di un perfetto esecutore, di un ottimo flautista poliedrico sia come solista che come responsabile prima parte d'orchestra, ma quella di un ispiratore, di un messaggero istrione di nuove musiche e di nuove sonorità, di una figura in sostanza che rese il flauto catalizzatore per nuovi brani e nuovi stili, e che profondamente credendo in essi se ne fece allo stesso tempo esecutore e ambasciatore nelle sale da concerto di tutto il mondo.

"La storia dell'evoluzione del pensiero musicale del XX secolo a partire dal 1945 è indissolubile dal flauto" sostiene Pierre-Yves Artaud[1], ma è d'obbligo la precisazione che dire "flauto" dopo il 1945 è profondamente di-

---

1 A. DE BENEDICTIS, *Il Flauto a Darmstadt*, in "Syrinx" anno V n° 15 1993, p. 9.

verso a seconda che si volga l'analisi verso le due scuole flautistiche più importanti all'epoca: da un lato quella francese, in pieno fulgore di virtuosi, di efficienza organizzativa didattica, organologica e concertista, e pienamente in contatto con i migliori compositori delle propria terra, dall'altro la scuola flautistica italiana che dopo un predominio assoluto in tutto il 1800 nel dopoguerra non poteva vantare certamente una eguale qualità capillare quale quella espressa appunto dai colleghi d'oltralpe.

È proprio in tale quadro che la figura di Gazzelloni si inserisce sin dall'inizio della sua carriera riuscendo a trascendere il dato biografico o se vogliamo strettamente flautistico per una universalità del messaggio musicale che tra i colleghi degli anni Cinquanta e Sessanta nessuno riuscì neanche lontanamente a realizzare.

Facciamo nostro in questo lavoro, a guisa quasi di Holzwege Heideggeriane, due opinioni sulle quali fondamentalmente reggerà tutto l'impianto di analisi, forti anche del fatto che, conclusosi tale secolo, quella stessa musica che quaranta anni fa si chiamava "contemporanea" e sulla quale si scatenavano polemiche degne delle più accese diatribe settecentesche, oggi forse con maggior distacco e lucidità possa essere contestualizzata, analizzata e fruita.

"... alla storia e all'evoluzione del pensiero musicale del secolo che ora abbiamo alle spalle è indissolubile la figura di Severino Gazzelloni.
L'affermazione non è né paradossale né adulatoria: Gazzelloni ha sollecitato come pochi altri artisti contemporanei la vena creatrice e sperimentatrice dei compositori (europei, americani, asiatici) determinando talora la realizzazione di pagine memorabili.
Le sue capacità esecutive erano in grado di affrontare e dominare qualsiasi difficoltà rendendo suono concreto (musica) ciò che esisteva nella mente del compositore o, graficamente, sullo spartito-prova di una sfida tentata, raramente vinta.
Ma soprattutto la sua profonda conoscenza delle possibilità espressive ed idiomatiche del flauto, posta al "servizio" dei compositori più sperimentali, li metteva nella condizione di trasformare in pensiero e in discorso musicale un vocabolario tecnico fin lì inerte, mero catalogo di potenzialità non sviluppate.
In ciò Gazzelloni – come già aveva intuito e proclamato Massimo Mila – reinventò e attualizzò la figura del grande virtuoso ottocentesco in grado di imprimere ad uno specifico repertorio la svolta decisiva nella direzione della ricerca linguistica e della sperimentazione compositiva finalizzate a sostenere (esprimere) un pensiero creativo di alto profilo ...
... Non solo. Gazzelloni incarna – con rara coerenza e lungimirante precocità – un altro aspetto, nuovissimo e provocatorio, della cultura del XX secolo: il superamento dei confini geografici, estetici, produttivi fra le diverse forme di produzione culturale, la sensibilità per la "contaminazioni" intese come arricchimento, non come reciproca corruzione.
Ecco dunque Gazzelloni dividersi e porre in luce insospettabili affinità tra musica barocca e musica contemporanea, musica d'élite e musica popolare, musica colta e jazz, sala da concerto e pedana da balera; in tutto ciò mai sospinto da furore iconoclasta bensì sempre fiducioso nelle capacità deduttive e comunicative della Musica, a qualunque categoria essa appartenesse.
Di qui il Gazzelloni "ambasciatore" della musica colta presso quegli ambienti che sem-

bravano da sempre incarnare l'estremo sociale ed estetico opposto, il Gazzelloni sostenitore del decentramento culturale messo in opera dalle amministrazioni locali di sinistra durante i '70, le sue incursioni nel Jazz, la sua apertura a modalità esecutive contemplanti la gestualità irriverente non meno che l'impensata spettacolarità attoriale"[2].

Ed ancora Massimo Mila in una delle recensioni al tempo stesso più note e lusinghiere sul flautista scrive:

"Non sembri eccessivo attribuire ad un esecutore, sia pur grandissimo, una funzione determinante nell'evoluzione di Maderna e di altri compositori dell'avanguardia, come Berio e Nono.
La storia dovrà stabilire un giorno quanto si debba al flauto straordinario di Gazzelloni, di quella singolare tendenza alla semplicità monodica, manifestata da compositori sempre tacciati di cerebralismo e maestri, in verità, delle più astruse complicazioni.
Perché questa ricerca disperata di melodia da parte di gente che concepiva la musica come una combinazione di calcoli seriali?
Perché questa rinuncia a tutto l'enorme bagaglio di mezzi tecnici e di possibilità orchestrali accumulato dalla musica negli ultimi due secoli per ridursi temerariamente ad un filo belliniano di melodia?
Dalle orge sinfoniche di Bruckner e di Strauss, dai tumulti espressionistici del Wozzeck e di Lulu, al canto solitario di uno strumento univoco come il flauto, sia pure piegato alle più inaudite sottigliezze ed acrobazie da un esecutore prodigioso.
Per l'appunto, perché c'era Gazzelloni, non solo con la sua straordinaria bravura strumentale, ma soprattutto con quale suo intuito prodigioso dello stile musicale moderno, che gli permette di farsi, lui così semplice, fresco e spontaneo, collaboratore dei più tortuosi e complicati compositori"[3].

Severino Gazzelloni e Franco Ferrara[4]

2 F. PIPERNO, Prefazione al volume di A. VACCARONE *Riflessi d'un flauto d'oro*, Riverberi Sonori, Roma 2002.
3 M. MILA, *Maderna musicista europeo,* Einaudi 1976, pp. 19-20.
4 Foto di Galliano Passerini.

Il passaggio tra un semplice gruppo di docenti ivi riuniti per corsi di perfezionamento estivi ed una vera e propria "scuola" di sperimentazione musicale si ebbe quando l'attenzione degli stessi, con particolare riguardo alle figure di Luigi Nono e Luciano Berio, fu letteralmente catturata dalla prima esecuzione della *Sonatine* di Pierre Boulez, pezzo tormentato nella genesi e soprattutto nella impossibilità fino ad allora di trovare un esecutore all'altezza di tale ardua partitura.

È nostra convinzione dunque che per una equilibrata analisi di tutta questa tematica si debba evitare un pedissequo elenco di brani oggi universalmente riuniti con la denominazione di *Gazzelloni-Musik*, ma si debbano altresì evidenziare i profondi rapporti tra la figura del flautista romano con i suoi maestri della ottocentesca scuola italiana e con lo sviluppo di una carriera che trovò in Boulez e tutta Darmstadt un focale punto di partenza, un trampolino di lancio straordinario allo steso tempo personale da un lato ed estetico-divulgativo dall'altro.

1.1. La scuola flautistica francese

Sebbene certamente non sia questa la sede per definire in maniera esaustiva la storia della Scuola flautistica francese, storia che meriterebbe certamente un ampio lavoro di ricerca a sé stante, appare però rilevante sottolineare taluni aspetti inerenti alla tematica da noi trattata, specialmente nella prospettiva dei rapporti che intercorsero tra i più grandi flautisti della scuola d'oltralpe ed i compositori francesi o naturalizzati tali della prima metà del novecento.

Sono tre i fattori fondamentali che ci permettono di mettere a fuoco i motivi per cui senza ombra di dubbio è oggi possibile definire la scuola flautistica francese la più importante del secolo scorso:

1) la presenza a Parigi di eccezionali costruttori di flauti metallici sistema Böhm

2) l'organizzazione assoluta della didattica

3) l'interesse di grandissimi compositori per il flauto metallico sin dai suoi esordi sul "suolo" parigino.

Secondo Emilio Galante[5]

Due sono le date simboliche con le quali si potrebbe fare iniziare il Novecento flautistico: il 1893, anno in cui Paul Taffanel venne nominato professore nella classe di flauto del Conservatorio Superiore di Musica di Parigi, e il 22 dicembre del 1894, data della prima esecuzione del Prelude à l'après-midi d'un faune di Claude Debussy, con l'orchestra della Société Nationale e Georges Barrère primo flauto. Porre come simbolico inizio del Novecento flautistico due eventi parigini dipende dalla indiscussa egemonia esercitata dalla scuola flautistica francese nel corso del secolo.

Si potrebbe altresì specularmente rovesciare tale ultima affermazione notando che proprio la citata indiscussa egemonia poté derivare in buona parte dal calibro di tale evento.

Debussy aprì evidentemente un filone fecondo se nel 1911 Maurice Ravel affidava proprio al flauto il lungo e difficile solo di *Daphnis et Chloé*, destinato con il precedente a segnare la storia dell'orchestrazione in generale e, in particolare, degli "a solo" flautistici in orchestra.

Sono sostanzialmente due gli elementi che rendono tale utilizzo del flauto del tutto diverso rispetto ad esempio ai pur ampi interventi richiesti nelle sinfonie da Beethoven, interventi sempre concentrati nel registro medio-acuto dello strumento, ed assunti *tout-court* anche nelle sinfonie di Schubert e Schumann.

---

5 E. Galante ne *Il flauto del '900,* in G. Lazzari, *Il flauto traverso,* EDT Torino 2003, p. 183 e sg.

Il primo è relativo alla tessitura in cui venne utilizzato il flauto, il secondo la sua appartenenza ormai solo "nominale" alla famiglia dei legni vista la acquisizione definitiva di tubi in lega metallica per la sua costruzione.

Dobbiamo aspettare la IV Sinfonia di Brahms che nell'ultimo movimento utilizza il flauto "a solo" nella estensione della prima ottava per iniziare a porre proprio le basi di una visione orchestrale che si sgancia dallo stereotipo del flauto strumento "leggero e veloce" che esprime il meglio di sé nel registro acuto.

Il motivo per cui Debussy prima e Ravel subito dopo percepirono le nuove possibilità espressive del flauto e le attuarono decisamente a profusione è dunque insito in una serie di cambiamenti costruttivi che di fatto modificarono radicalmente le sonorità dello strumento: proprio la presenza del grande costruttore Louis Lot a Parigi infatti consentì a tutti i grandi solisti e alle prime parti di orchestra di utilizzare il flauto inventato in Germania da Teobald Böhm, abbandonando gradualmente tutta una serie di sistemi alternativi accomunati da svariati problemi di intonazione e, soprattutto, di omogeneità nei tre registri.

Dal flauto a sei chiavi sino al modello più evoluto (flauto Ziegler) arrivato alla fine dell'ottocento la caratteristica più evidente era la flebile presenza del registro grave, praticamente inutilizzabile specialmente nell'ottica delle dimensioni e delle sonorità dell'orchestra tardo-romantica.

Quando nel 1832 Theobald Böhm presentò il suo nuovo flauto, venne a spezzarsi quell'ideale trait d'union che aveva unito per secoli lo strumento ad una nobilissima, antica tradizione.

Partendo, per motivi di praticità, dal traversiere barocco, si può dire in sostanza che né la forma conica né il taglio diatonico erano mai stati mutati e che i miglioramenti avvenuti sono ascrivibili solo all'aggiunta di chiavi per facilitare impervi passaggi.

D'altronde, gli addetti ai lavori ed i compositori trovavano difettoso il solo equilibrio d'intonazione e fondamentalmente nulla di più si aspettavano né dalle capacità espressive, né dalla tecnica ampiamente sviluppata da formidabili virtuosi.

Abilmente, negli anni che seguirono e fino al 1862 Theobald Böhm continuò ad apportare modifiche e miglioramenti sostanziali, seguendo i suggerimenti di brillanti flautisti interessati all'organologia dello strumento ed i consigli costruttivi di Louis Lot, che dal 1848 iniziò a produrre i nuovi strumenti in esclusiva per la Francia, ma con la "tastiera aperta", assai più commerciale nei confronti del "popolo flautistico" tradizionalmente abituato ai fori[6].

Va detto che i flautisti francesi di fine '800 e dei primi anni del '900 adottarono entusiasticamente il nuovo flauto metallico con la scala Böhm costruito da Lot, e fu proprio questa scelta precisa che contribuì anche a creare una unica visione organologica nella Francia flautistica di

---

6 G. PETRUCCI, *La didattica flautistica italiana del secondo Ottocento e del primo Novecento. Alcune considerazioni* in Bollettino di Aulos IV-1990 n°1, pp. 37-44.

quegli anni: basta volgere ad esempio lo sguardo in Italia per notare invece come il frazionamento e la mancanza di capillarità tra i vari Maestri dell'epoca si traduceva anche a livello strumentale spesso in una vera e propria "guerra" a colpi di articoli sulle riviste per propugnare l'uno o l'altro sistema meccanico, guerra che di certo non giovò allo sviluppo armonico della scuola flautistica italiana nel secolo scorso.

Come verrà più dettagliatamente analizzato nel capitolo successivo, noteremo come addirittura nei programmi ministeriali di esami risalenti al 1930 ed ancora oggi vigenti venga richiesto espressamente l'utilizzo del suddetto Flauto Böhm.

Fu questa verso il flauto con tale sistema una scelta "senza reticenze"[7], che pose le basi per una rapidissima ascesa della scuola flautistica francese proprio in un'ottica vincente di razionalità ed univoca organizzazione.

Se da un lato fa riflettere il fatto che grandi solisti appartenenti a scuole diverse abbandonarono già nel pieno della carriera il flauto sistema Ziegler per abbracciare il modello Böhm (solitamente con il corpo metallico)[8], dall'altro possiamo ancora oggi testimoniare l'eredità francese che prevale nella odierna costruzione dei flauti di tutto il mondo ad esempio nella scelta della tastiera "aperta" con le chiavi ad anello: Louis Lot adottò infatti tale soluzione per rendere meno traumatico possibile il passaggio dai flauti vecchio sistema ad i suoi nuovi modelli, ed ancora oggi benché essa non rappresenti una vera miglioria o differenza dimostrabile (esistono anzi diverse valide testimonianze di solisti e costruttori che dimostrano esattamente il contrario)[9], viene universalmente accettata dal "popolo" dei flautisti come uno standard imprescindibile e qualitativo.

Ma se da un lato si è dunque sottolineato come questo espandersi dei nuovi flauti a macchia d'olio sul territorio francese ebbe delle conseguenze immediate sul repertorio e sul clima psicologico dei flautisti francesi, è d'uopo ora analizzare velocemente la questione della organizzazione della didattica francese e della già evidenziata intima connessione con il relativo tessuto compositivo.

Ciò che infatti decretò la superiorità schiacciante sulle altre scuole flautistiche non fu una intrinseca o mistica superiorità degli esecutori nei confronti del resto del mondo, ma, molto più semplicemente, una stupefacente e capillare organizzazione didattica.

La struttura dell'educazione musicale in Francia, fondata nel 1795 con decreto della Convenzione repubblicana, è rigidamente piramidale.

---

7 G. Petrucci, *La didattica flautistica italiana del secondo Ottocento e del primo Novecento. Alcune considerazioni* in Bollettino di Aulos IV-1990 n°1 p. 38.

8 Cfr. E. Galante, ne *Il flauto del '900,* in G. Lazzari, *Il flauto traverso,* EDT Torino 2003, p. 183.

9 A. Cooper, *The Flute,* a cura dell'Autore, London 1980; traduzione italiana, *Il flauto,* a cura di Gian-Luca Petrucci, Turris, Cremona 1995.

Al vertice di questa piramide, il Conservatorio Superiore di Parigi, in posizione egemone rispetto a tutti gli altri istituti musicali, ha mantenuto fino al 1945 un'unica classe di flauto e un solo insegnante che detta legge in tutta la Francia.

Nel luglio di ogni anno si effettua un concorso per gli interni, con l'obbligo di eseguire un pezzo che, secondo una tradizione nata alla fine del XIX secolo, viene segretamente commissionato a un compositore un anno prima e pubblicato un mese prima del concorso. In questa occasione vengono deliberati un primo e un secondo premio, e un primo e un secondo certificato di merito. I premi si ottengono in riferimento a uno standard stabilito, ragion per cui i primi premi ogni anno possono essere più di uno"[10].

Fu Paul Taffanel (1844-1908) a segnare chiaramente quel solco che venne proficuamente seguito ed ampliato da tutti i suoi allievi e successori, nel momento in cui pensò di elevare la qualità dei brani di obbligo per il concorso-diploma finale affiancando ai consueti brani scritti da flautisti composizioni di spessore e calibro notevolmente maggiore: ecco che allora tra i lavori scritti appositamente per i migliori allievi del conservatorio e quelli derivanti dalle richieste e collaborazioni tra maestri ed i maggiori compositori dell'epoca nacquero partiture destinate a divenire veri e propri capisaldi del repertorio flautistico.

Giova sottolineare i nomi più importanti nella successione di scuola evidenziati nello schema che segue perché tali flautisti furono tutti oltre che brillanti solisti anche fondatori di gruppi da camera e ispiratori di lavori di notevole caratura dei quali curarono in larga parte sia la prima assoluta che la diffusione con successive esecuzioni[11].

> Paul Taffanel (1844-1908)
>> Philippe Gaubert (1879-1941)
>>> Marcel Moyse (1889-1984)
>>>> Jean-Pierre Rampal (1922-2000)

Parallelamente ecco alcuni tra i brani più famosi scritti ed eseguiti a Parigi in quegli anni:

C. Debussy	solo del Prelude à l'après-midi d'un faune		1894
G. Fauré	Fantasia Op. 79	(fl e orch/pf)	1898
C. Chaminade	Concertino	(fl e orch/pf)	1902

---

10 E. GALANTE, op. cit., p. 184.
11 C. DORGEUILLE, *The French Flute School,* Tony Bingham, London 1986.

M. Ravel	Introduction et Allegro	(arpa, fl, cl, quart.)	1905
	Solo di Daphnis et Chloé		1911
C. Debussy	Syrinx (fl solo)		1913
A. Casella	Sicilienne et Burlesque	(fl-pf)	1914
C. Debussy	Sonata per Flauto, Viola ed Arpa		1915
A. Honegger	Danse de la chévre (fl solo)		1919
D. Milhaud	Sonatine Op. 76	(fl-pf)	1922
A. Roussel	Joueurs de la Flûte	(fl-pf)	1924
M. Ravel	Chanson Medécasses	(voce, fl, vlc, pf)	1925
	Solo del Bolero		1928
A. Roussel	Andante e scherzo	(fl-pf)	1934
J. Ibert	Concerto	(fl-orch)	1934
A. Jolivet	Cinq Incantations	(fl solo)	1936
A. Roussel	Elpénor (fl-quart)		(post 1937)
H. Duttileux	Sonatine	(fl-pf)	1943
A. Jolivet	Chant de Linos	(fl-pf/ vl vla vlc e pf)	1944
P. Boulez	Sonatine	(fl-pf)	1946
A. Honegger	Concerto da Camera	(fl, c i, orch)	1948
O. Messiaen	Le Merle Noir	(fl-pf)	1951
F. Poulenc	Sonata (fl-pf)		1956

Tale elenco non necessita dunque di commenti, soprattutto se confrontato con quello del capitolo successivo, dedicato alle opere stimolate ed eseguite in Italia negli stessi anni.

Degna di nota, in quanto asse portante di questo nostro lavoro, fu invece la *Sonatine* di Pierre Boulez, caso unico tra tutti i brani citati, ad esser rimandato indietro dal committente Jean-Pierre Rampal e rimasto ineseguito sino al 1956, anno in cui in prima assoluta Severino Gazzelloni lo suonò a Darmstadt.

1.2. La scuola flautistica italiana

La maggiore difficoltà che si incontra nell'analisi della scuola flautistica italiana tra la fine del 1800 e la prima metà del 1900 è dovuta fondamentalmente ad una caratteristica che la permea "in toto" e che, come già evidenziato, è la chiave di lettura del nostro lavoro proprio in relazione alla figura di Severino Gazzelloni nella produzione per flauto negli anni del dopoguerra.

Essa può essere ravvisata in una mancanza di razionalità organizzativa e, conseguentemente, anche di volontà di storicizzazione che di fatto ne rendono molto difficile lo studio per una oggettività lacunosità di dati e materiali.

Dal mondo flautistico italiano del primo Novecento arrivano segnali contraddittori e di non facile lettura, anche perché gli studi specifici su questo periodo sono pochi e le notizie scarse fino al punto di non poter nemmeno ricostruire i ranghi flautistici della più importante orchestra italiana, quella del Teatro alla Scala, i cui archivi furono distrutti nel corso della seconda guerra mondiale.
Chi cercasse la presenza di qualche recital per flauto nelle stagioni di concerti dell'epoca, o di qualche flautista solista con orchestra troverà scarse testimonianze fino al secondo dopoguerra. Una situazione in parte comune a tutta l'Europa, ma qui particolarmente accentuata[12].

In effetti dobbiamo alla figura del M° Gian-Luca Petrucci l'unico studio sistematico edito ad oggi sulla scuola italiana[13] che tenta di dipanare la successione di "scuole" affondando l'analisi dal 1700 sino ad oggi, lavoro che è stato recentemente seguito da una antologia di cento studi, arie variate capricci e fantasie di flautisti dal '700 al '900[14].

È lo stesso Petrucci a fornirci alcuni elementi fondamentali di esegesi su tale problematica ricostruzione, nel momento in cui egli stesso, possessore dell'archivio più ampio oggi esistente sul flauto e sui flautisti in Italia, scrive:

Naturalmente nessun elenco potrà mai essere completo ed inoltre, per alcuni personaggi, non è stato possibile rintracciare alcun tipo di materiale iconografico o biografico nonostante che la distanza temporale intercorsa fra la cessazione dell'attività professionale dei soggetti e le ricerche fosse relativamente breve[15].

---

12 E. Galante, *op. cit.*, p. 203.
13 G. Petrucci, *La scuola flautistica italiana*, FaLaUt Collection Napoli 2002.
14 G. Petrucci, *Antologia di 100 Studi, Esercizi, Cadenze, Arie Variate, Capricci, Fantasie della Scuola Flautistica italiana dal '700 al '900,* cd rom allegato al n° 21/2004 di FaLaUt.
15 G. Petrucci *La scuola flautistica italiana*, FaLaUt Collection Napoli 2002, p. 8.

Vediamo dunque di cercare di enucleare tre linee guida che da un lato si possano raffrontare con il precedente capitolo sulla Scuola Francese e dall'altro giovino alla successiva analisi sulle musiche provenienti attraverso il "canale Gazzelloni" da Darmstadt.

In primo luogo l'Italia non poté assolutamente vantare una diffusione di flauti Böhm in metallo con cameratura cilindrica sulla cui peculiarità si è dato ampio spazio nel paragrafo precedente: solo alcuni docenti infatti negli ultimi anni del 1800 introdussero nelle loro classi il nuovo modello di flauto, spesso dal corpo ligneo, ma tale diffusione rimase limitata a pochi centri quasi all'avanguardia dal punto di vista organologico, mentre nel resto della penisola gli insegnanti sostenevano chi un modello chi un altro con una partigianeria spesso suffragata da mordaci interventi sulle prefazioni dei propri metodi o, addirittura, su giornali e riviste anche non propriamente specializzate[16].

La necessità, da noi già precedentemente evidenziata, proprio di sottolineare nel programma obbligatorio d'esame risalente al 1930 che gli allievi dovessero presentarsi con il flauto "modello Böhm" sta ad indicare che evidentemente ancora erano molti i candidati che suonavano strumenti alternativi; del resto per personale esperienza possiamo testimoniare che in molte zone interne dell'Abruzzo e del Molise ci è stato possibile vedere e suonare flauti ad otto chiavi ancora usati in ambito bandistico sino ad una cinquantina di anni fa dai genitori degli attuali proprietari[17].

Chiarificatore a tal proposito può essere il catalogo 1223 del 1920 della ditta milanese di Agostino Rampone, ove dei flauti in listino 53 erano sistema Ziegler, 45 Ziegler-Rampone (!), 6 Finto-Böhm (corpo cilindrico con meccanica Ziegler), 6 sistema Tulou, ed infine solo 47 Sistema Böhm, che, come recita il catalogo stesso sono "perfetti nell'intonazione e di facile diteggiatura".

Se pensiamo che la data di introduzione del flauto modello conico "alla Böhm" nel Conservatorio di Parigi è il 1838 e che fu lo stesso Böhm nel 1847 a cedere i diritti costruttivi del nuovo modello cilindrico alla Godfrey&Lot che già nel 1855 otteneva la medaglia d'oro all'Esposizione di Parigi, possiamo forse razionalizzare ancora meglio le difficoltà insite invece nella situazione delineata analizzando l'Italia.

Divisione organologica appurata, va detto che i "quadri" del flautismo italiano tra gli ultimi anni dell'800 e la prima metà del secolo successivo non sono delineabili in maniera così chiara come invece è stato per i colleghi d'oltralpe: più precisamente non possiamo che tentare di capire le principali linee di scuola nei più importanti conservatori del regno

16 G. Petrucci, *Giulio Briccialdi il Principe dei Flautisti*, Edizioni Thyrus, Terni p. 63.
17 Archivio privato del M° Francesco Di Girolamo, Magliano dei Marsi (Aq), e del dott. Lorenzo Cianciusi, Avezzano.

in quanto frequenti sono gli spostamenti degli insegnanti stessi e dunque non moltissime le figure che con la permanenza costante nello stesso istituto abbiano fondato e seguito una vera e propria "scuola".

La seconda considerazione è che a differenza della Francia, ove fu il Conservatorio di Parigi il "faro" della vita musicale dell'intero paese ed il passaggio obbligato di tutti i grandi flautisti di questo periodo (e di tutta la musica ad essi legata!), in Italia furono molteplici e distanti (non solo logisticamente) gli istituti che "sfornarono" alcuni tra i migliori flautisti dell'epoca.

Assente dunque una struttura razionalizzata secondo una logica qualitativa piramidale, nessuno degli istituti e dei docenti evidenziati dallo schema che segue aveva in realtà un "potere" musicale o legale superiore agli altri.

Ciò che può sembrare dunque una maggiore libertà ed una fresca autonomia culturale iniziò invece ben presto a rivelarsi una politica perdente su tutti i fronti, tra i quali forse quello strettamente flautistico risulta in effetti il meno intaccato.

PARMA
Paolo Cristoforetti (1857-1953)

MILANO
Antonio Zamperoni (1844-1909)
Luigi Longhi (1884-1932)
Baldassarre Torchio (1903-1962)
Bruno Martinotti (1936-1986)

TORINO
U. Virgilio

FIRENZE
Giulio Briccialdi (1818-1881)
C. Tommaso Giorgi (1856-1953)
Salvatore Alfieri (1908-1979)

ROMA
Filippo Franceschini (1841-1915)
Alberto Veggetti (1874-1948)
Arrigo Tassinari (1889-1988)

PESARO
Filippo Peri (1864- ?)
Crespi
Domenico Ciliberti (1908-1985)

NAPOLI
Italo Piazza (1860-1947)
Francesco Mattia (1892-1964)
Francesco Bianchi (1932-2001)

VENEZIA
Alvaro Neri (1873- ?)
Silvio Clerici (1905-1967)
Pasquale Rispoli (1915-1982)

PALERMO
Giuseppe La Duca (1847 - dopo 1930)

In base a questo schema facciamo ora qualche considerazione proprio sul concetto di frammentazione (organologica e didattica) cui si faceva riferimento: la prima cosa da notare è che la successione di scuola non è così lineare da potersi riferire verticalmente ad un preciso istituto o città, per il semplice fatto che sono rari i casi di successione di cattedra tra allievo e maestro nello stesso conservatorio: si vedano i casi di Neri, allievo a Parma di Cristoforetti ma docente successivamente al B. Marcello di Venezia, o quello sicuramente più famoso di Alberto Veggetti, erede tramite il M° Gillone della scuola del lombardo Zamperoni.

Inoltre va notato come accanto a figure didattiche che hanno una precisa collocazione per il lunghissimo lasso di tempo in cui operarono nello stesso Conservatorio, (Piazza docente per 40 anni a Napoli, Cristoforetti a Parma Peri a Pesaro, La Duca a Palermo) ne troviamo altre che nel corso degli anni passarono in conservatori diversi, come Tassinari, (docente a Trieste, Parma, Napoli e Roma), o Clerici (Venezia-Torino-Roma), o ancora Longo (Venezia e Roma).

Tali considerazioni non valgono minimamente per un giudizio negativo sulla qualità di tali generazioni flautistiche, che poterono vantare sempre uno stuolo di eccezionali professionisti attivi in Italia ed in tutto il mondo, ma nell'ottica di una impossibile oggettiva univocità della scuola in questione.

Quelle che infatti dovevano rimanere differenze di vedute sull'organizzazione della didattica e sull'utilizzo di flauti con diverso sistema costruttivo nell'ottica di una sana ed arricchente varietà di prospettive, si trasformò in molti casi in una polemica feroce e spesso inopportuna.

Così colpivano gli strali di Fortunato Sconzo[18] da una parte l'opera di revisione che il grande Veggetti stava operando a Roma per conto della Ricordi sui quattro volumi de *"La scuola del Flauto"* di Luigi Hugues

solo la incosciente mania correttiva osa profanare la sua memoria mettendo le sacrileghe mani sule sua immortali opere", e, dall'altra[19], del Metodo Popolare per Flauto di Italo Piazza "del Metodo diciamo con tutta franchezza che se esso fosse stato partorito dalla mente di un qualche volenteroso dilettante, o dalla mente di un qualche maestrucolo di banda da villaggio, noi sorrideremmo bonariamente anche per l'ostrogotismo della parte letteraria. Ma scritto da un insegnante di ruolo di uno dei più reputati Conservatori ci riempie di amara tristezza e ci convince che l'Arte, la Scuola e la dignità sono scese in cantina.

Va detto però che altrettanto aspra era la polemica sollevata con un altro libretto dal citato Italo Piazza nei confronti del flauto inventato da Carlo Tommaso Giorgi, del quale confutava sia la funzionalità che, addirittura, con un grossolano e clamoroso errore, la paternità.

---

18 F. Sconzo, *Il Flauto ed i flautisti*, U. Hoepli, Milano, 1930.
19 F. Sconzo, *L'auletica*, Saggio critico sulla moderna scuola del Flauto, Palermo, Arti grafiche S. Pezzino e figli, 1925.

Per non essere da meno questa accesa e curiosa varietà di vedute didattiche ed interpretative veniva altresì accompagnata da una eguale differenziazione sull'uso proprio del "materiale primario" ovvero del Flauto stesso:

Il caso dell'Italia si distingue da quello di altri paesi europei nelle modalità e nei tempi dell'ingresso nell'era del flauto moderno o, in altre parole, del flauto Böhm. Indubbiamente, il nostro paese accolse il nuovo strumento con un certo ritardo rispetto ad esempio alla Francia e all'Inghilterra. Inoltre la Scuola Italiana, in una fase iniziale, mostrò di avere alcune peculiari preferenze nella scelta della versione di tale flauto. Prima di entrare nel vivo dell'argomento, converrà fare una premessa. Esistono due modelli di flauto Böhm, piuttosto diversi.
Il primo è il flauto Böhm "conico" del 1832, il secondo è quello "cilindrico" brevettato nel 1847. Il primo modello di flauto Böhm è detto "conico" perché del vecchio strumento cambia la meccanica e la foratura, ma conserva inalterato il "corpo". Infatti, nel flauto tardo barocco-ottocentesco detto "vecchio sistema" l'anima di gran parte dello strumento aveva forma conica, con la parte apicale rivolta verso il piede, mentre la sola testata, era cilindrica. Per questo motivo sia il vecchio strumento, sia il Böhm primo modello vengono oggigiorno etichettati come "conici". Invece, il flauto Böhm del 1847 capovolge questa caratteristica: l'anima dello strumento è perfettamente cilindrica per quasi tutta la lunghezza, salvo una piccola rastremazione in prossimità dell'imboccatura. Esso venne brevettato proprio con il nome di "flauto cilindrico".

Ebbene, nel caso dell'Italia va sottolineato il mancato attecchimento del primo modello di flauto Böhm, quello conico, che in Francia fece da importante battistrada all'adozione del successivo flauto cilindrico. Dalle risultanze storiche l'unico flautista italiano a suonare il Böhm primo modello (conico) fu Emanuele Krakamp. Nella rivista quindicinale «Napoli Musicale» dell'anno 1874 infatti è riportata la notizia che Krakamp aveva impiegato un flauto Böhm nel 1842 in un concerto dimostrativo dato al celebre Teatro del Fondo di Napoli, alla presenza di Coop e Thalberg, e che tale strumento era, e rimase, in Italia del tutto sconosciuto.[20]

Tuttavia, recentemente Luisa Cosi ha scovato sulla «Gazzetta di Napoli» (III, n. 2, 1854, p. 9) la notizia che presso la Mostra Quinquennale Industriale di Napoli del 1853 fu presentato un «flauto così detto alla Bohem [!]» dai costruttori leccesi G. Battista e Giuseppe Leone. Da una sommaria descrizione emerge che lo strumento, in legno e metallo, presentava numerose modifiche rispetto al Boehm originale: «nuova distribuzione ai buchi», «modifica al tubo sonoro», «nuova chiave al posto di quella Dorus per il sol diesis e per il trillo sol-la bemolle», «cuscini delle chiavi elastici». Lo strumento fu premiato con la medaglia d'argento per i miglioramenti apportati. Esso costituirebbe il primo strumento sistema Böhm di costruzione italiana di cui si abbia notizia e dovrebbe trattarsi di un Böhm primo modello. Purtroppo, i Leone e la loro attività si estinsero pochi anni dopo, nel 1857[21].

20 «Napoli Musicale», n. 15-16, Napoli 1874.
21 L. COSI, *Giuseppe Oronzo e Giovanni Battista Leone costruttori di strumenti a fiato*

I costruttori italiani furono esclusi a lungo dal brevetto per la costruzione del flauto cilindrico sistema Böhm del 1847. L'inventore tedesco cedette in un primo momento i diritti per la privativa industriale alla Rudall & Rose (poi Rudall & Carte) di Londra e ai soci Godfroy & Lot di Parigi.

I primi flauti sistema Böhm che comparvero nel nostro paese furono infatti proprio dei Lot e dei Rudall-Carte.

Malgrado i diritti del brevetto di Böhm fossero scaduti nel 1862, i primi flauti sistema Böhm, in Italia, cominciarono ad essere fabbricati, molto tempo dopo, soltanto negli anni '90 del secolo XIX. In quel periodo, nell'ambiente fertile di Milano, operavano vari costruttori artigiani, i quali si tramandavano il mestiere di padre in figlio, e si erano dedicati fino ad allora ai flauti conici vecchio tipo, con ottimi risultati, se guardiamo gli strumenti pervenuti fino a noi. Dobbiamo anche credere che fosse presente nell'area milanese e dintorni un discreto smercio di tali strumenti, in quanto consentiva la sopravvivenza di svariate ditte che operavano nello stesso settore di mercato. Ma i tempi cambiavano, gli artigiani che da generazioni riproducevano, e perfezionavano, i flauti conici di ascendenza barocca (arrivati ad avere 12-13 e più chiavi), dovettero prendere atto che anche in Italia cominciava la richiesta di nuovi strumenti. Fu allora che alcuni coraggiosi pionieri, appartenenti a questo ambiente, iniziarono a produrre dei flauti sistema Böhm[22].

I primi esemplari conosciuti risalgono giusto intorno al 1890 e alle ditte milanesi di Agostino Rampone e di Giuseppe Barlassina, a cui seguirono dopo pochi anni Battista Cazzani, Alfredo Casoli, Maino & Orsi. Questi ultimi nel catalogo del 1898 contavano addirittura 17 modelli tra flauti e ottavini Böhm. Successivamente, nei primi decenni del secolo XX, si aggiunsero Luigi Vanotti, Carlo Airaghi, Ambrogio Bernucca, Abelardo Albisi, Baldassarre Torchio, sempre di Milano.

È significativo che, avviando la produzione di strumenti sistema Böhm, tutti gli artigiani milanesi fin qui citati presero inizialmente a modello il classico flauto Louis Lot, con le caratteristiche che oggi chiamiamo di "stile francese": tastiera aperta, sol in linea, corpo metallico leggero, eleganti braccetti delle chiavi appuntiti, spesso discendente al si2.

Questo stile incontrò un successo di breve durata, perché, di lì a poco, il modello che prese effettivamente piede in Italia fu quello di ispirazione, si potrebbe dire, tedesca o inglese: a tastiera chiusa, sol fuori linea, discendente al do3, con la particolare chiave lunga per il trillo re#-do# al mignolo sinistro, e in quegli anni non era affatto raro incontrarne la versione in ebano. Soprattutto nel periodo 1920-1950 costruivano flauti Böhm in ebano Luigi Vanotti, Ambrogio Bernucca, Baldassarre Torchio,

nella Lecce preunitaria, in «Liuteria Musica e Cultura», 1998, pp. 33-41.
22 F. Carreras, *Il Flauto italiano dal '700 al '900.*

Carlo Airaghi. Come si evince da qualche catalogo commerciale dell'epoca, ogni tipologia dei flauti in vendita, era offerta in diversi materiali, gradi di finitura e, conseguentemente, in vari prezzi.

Nella prima metà del Novecento, riguardo alla scelta del modello di flauto Böhm da parte dei flautisti italiani, ci fu un primo momento francofilo, ma subito dopo subentrò una fase che assimila il gusto italiano più a quello tedesco, o inglese, che a quello francese. Anche in Germania infatti ci fu una forte resistenza nel passare al flauto Böhm, a causa del gusto tradizionale tedesco per una sonorità scura, con una predominanza delle armoniche fondamentali e del registro grave, molto legata al legno e allo strumento conico vecchio sistema. Questi stessi motivi spinsero i tedeschi, quando infine passarono al sistema Böhm, a preferirne la versione in legno. Analogamente in Inghilterra Albert Cooper testimonia, nel suo libro The flute, che fino al 1945 il modello Böhm più popolare presso i flautisti era quello in legno[23].

In Italia, come in Germania e Inghilterra, la versione del Böhm in legno, generalmente ebano, si incontrava frequentemente nelle orchestre, e nelle formazioni cameristiche, almeno fino agli anni '50.

In particolare, nel nostro paese, le motivazioni per tale preferenza si collegano con il gusto dell'ambiente operistico. Per lungo tempo, infatti, il vecchio flauto conico in legno, con la sua dolcezza di suono, fu ritenuto il più adatto ad interpretare, come aveva sempre fatto fino ad allora, i classici soli delle opere di Bellini, Verdi e Donizetti. Non a caso i flautisti che operavano col ruolo prevalente di prime parti nelle orchestre d'opera si dimostrarono tra i più conservatori (ad esempio Rabboni a Milano, De Michelis a Roma e Albano a Napoli, per tutto l'Ottocento, continuarono ad usare in teatro il vecchio flauto conico).

Con queste premesse si spiega come mai, tra gli anni '20 e '50 del Novecento, nelle compagini orchestrali, nella cameristica e soprattutto nei teatri d'opera italiani, venivano preferiti i flauti Böhm costruiti in legno, i quali per la sonorità potevano somigliare maggiormente a quelli vecchio sistema, rispetto agli strumenti Böhm di luccicante e freddo metallo.

In Italia ad esempio Arrigo Tassinari utilizzò per buona parte della sua carriera alla Scala di Milano e sotto la direzione di Arturo Toscanini un flauto sistema Böhm in ebano.

Alberto Veggetti, Arrigo Tassinari, Silvio Clerici, Domenico Ciliberti, Tullio Chierici e Severino Gazzelloni impiegavano in quegli anni strumenti in legno. Gazzelloni in varie foto di repertorio degli anni '50 è ritratto con un Barlassina, in ebano, a tastiera chiusa[24].

---

23 A. COOPER, *The Flute*, a cura dell'Autore, London 1980; traduzione italiana, *Il flauto*, a cura di Gian-Luca Petrucci, Turris, Cremona 1995.
24 A. POMETTINI *I primi flauti Böhm in Italia* in Syrinx n° 60 Aprile 2004, poi ripreso

A questo punto è ancora lecito parlare di Scuola nella accezione che solitamente usiamo dare del termine?

È possibile considerare un corpus unico una tale moltitudine di vedute didattiche, interpretative, organizzative, addirittura strumentali?

Se intendiamo "scuola" un organismo strutturato ed efficientemente organizzato secondo criteri comuni e linee direttive chiare la risposta appare ovvia, ed essa sarà certamente negativa.

La peculiarità della scuola flautistica italiana andrà altresì ricercata in altre caratteristiche, soprattutto legate ad una particolare concezione del suono e del fraseggio musicali.

Ciò che infatti unisce tutti questi Maestri così diversi e per molti lati come evidenziato addirittura in viva polemica tra loro è una univoca attenzione alla cantabilità ed al "bel suono" nel fraseggio, caratteristica che troverà proprio in Gazzelloni un erede assoluto, e che verrà mantenuta costante e peculiare anche nella esecuzione dei nuovi brani destinati al flautista romano.

Questa caratteristica è distintiva di esecutori strettamente connessi al mondo dell'opera ottocentesca, ove alla prima parte d'orchestra veniva richiesto parallelamente ad una precisione tecnica assoluta un suono timbrato e cantabile per gli innumerevoli passi in cui il flauto si accompagnava duettando o sostenendo la parte del soprano.

Il miracolo della vocalità italiana, che avrebbe condotto alla stupenda stagione dell'opera dell'età romantica, influenzò in maniera più che determinante le inflessioni e la pronuncia relativa all'esecuzione di tutti gli strumenti e, in modo ancor più evidente, del flauto. I grandi musicisti ispirati, come Rossini, Bellini, Donizetti, Mercadante, Ponchielli, Verdi, Boito, rivelarono la forza d'espressione e comunicativa del canto e fu su questi stilemi stilistici che i caratteri distintivi del flautismo italiano delinearono, sempre maggiormente, i netti contorni dell'adozione di una cantabilità affettiva che facesse da tramite fra il brano eseguito e lo spettatore.

L'essenziale criterio distintivo fu sempre più il drammatico immedesimarsi con gli stati emotivi evocati dalla musica, ricercando il previlegio di suonare commovendo attraverso il sonar-cantando melodico ed alato che, fondendo l'azione tecnica ed il sentimento in un'unità completa di puro suono, rivelasse passioni ed espressione.

Da Monzani a Briccialdi, da Ciardi a De Michelis, da Romanino a Hugues, da Sola a Rabboni, da Krakamp a Galli, da Gariboldi a Koehler fino a De Lorenzo la dimostrazione delle matrici distintive d'appartenenza ad una logica comune di ricerca di cantabilità sono riscontrabili nella stesura delle loro opere didattiche.

Ovvero nell'organizzazione di studi essenzialmente meccanici, ma pur sempre con finalità espressive. Nella quasi totale assenza di prescrizioni metronometriche in favore del naturale, ed ovviamente individuale, senso musicale della frase. Nel fornire sillogi di studi con accompagnamento di pianoforte in cui, tramite un sostegno armonico verticale, più facilmente si realizza la concatenazione fra virtuosismo strumentale e bel canto[25].

nel capitolo *Il sofferto passaggio al sistema Böhm in Italia* in *"Il Flauto in Italia"*, Edizioni Poligrafico dello Stato 2005.

25 G. Petrucci, *La scuola flautistica italiana*, FaLaUt Collection Napoli 2002, p. 9.

Ecco allora farsi un poco di chiarezza sulla enorme differenza di contenuti didattici tra la scuola flautistica italiana e quella francese: ogni docente di flauto in Italia spesso optava per un programma personale e differente dagli altri, ma con il denominatore comune di una robusta preparazione tecnica unita ad un sapiente uso della flessibilità del suono, con una chiara finalità di inserimento orchestrale.

Il punto critico fu probabilmente quello dei primi anni del '900, quando gli eredi della grande scuola ottocentesca non seppero razionalizzare ed utilizzare il patrimonio dei loro grandi maestri.

Ciò che impaludò profondamente la scuola flautistica italiana proprio agli inizi del secolo scorso fu di fatto la palese incapacità di raccogliere il grande messaggio dei virtuosi dell'ottocento ampliandolo e volgendolo verso le nuove "leve" da un lato e verso i compositori dall'altro: in Francia come in Italia l'ottocento era stato profondamente permeato dalle figure dei flautisti-compositori che furoreggiavano spesso con temi variati su celeberrime arie di opera, ma oltralpe si era avuta la capacità di rinnovarsi proprio alla fine del secolo quasi presagendo con straordinario intuito la necessità di vivificare un repertorio ormai proprio troppo "flautistico".

Louis Fleury, cui Debussy dedicò lo spettacolare *Syrinx*, severamente bacchettava i suoi colleghi che stancamente rinnovavano i fasti del repertorio ottocentesco ancora nei primi anni del 1900 dando una immagine sbiadita e parziale delle potenzialità del nuovo flauto

arrecando così più danno al flauto loro di quello che avrebbe potuto fare un mediocre dilettante[26]

E qui probabilmente tocchiamo proprio il punto nodale dell'intera analisi sulla nostra scuola flautistica, punto nodale che si focalizza sul totale disinteresse da parte dei flautisti italiani di tutta la prima metà del '900 a contattare, stimolare, diffondere nuove partiture per flauto dei compositori della propria epoca, addirittura, in taluni casi, colleghi all'interno dello stesso istituto musicale.

Un allievo dunque che si formava in un conservatorio italiano nella prima metà del '900 studiava principalmente studi tecnici, e si forgiava nell'ottica precisa di un immediato impiego bandistico od orchestrale, impiego che caratterizzò l'attività di tutti i flautisti della prima metà del '900, da Veggetti a Tassinari allo stesso Gazzelloni, che prima di approdare al prestigioso leggio di primo flauto dell'orchestra della RAI di Roma per molti anni suonò addirittura nell'orchestra di avanspettacolo del comico Macario.

---

26 L. FLEURY, *The flute and its Powers of Expression*, 1922.

Ricordiamo che sino al 1931 gli stessi film ed i cinegiornali proiettati in Italia erano "muti", e ciò consentiva ad una larga schiera di musicisti di trovare immediato impiego anche nelle orchestre che accompagnavano le pellicole, tra le quali ad esempio a Roma spiccava quella del Capranica.

In quest'ottica di assoluta praticità e di immediato impiego non trovarono dunque peso né la necessità di visitare durante gli anni di studio i grandi brani di repertorio né, tantomeno, quella di stimolarne di nuovi.

Il programma di studio del 1925 è particolarmente interessante perché antecedente di pochi anni alla delibera dei programmi ministeriali per flauto ancora oggi vigenti nei conservatori italiani (Regio Decreto n. 1945 del dicembre 1930). La prima osservazione da fare è su come essi prevedano, con scarsissime eccezioni, solo studi tecnici. Gillone a Bologna e Virgilio a Torino programmavano al sesto anno lo studio delle sei Sonate di Johann Sebastian Bach.

Cristoforetti a Parma e Longhi a Milano richiedevano per l'esame di promozione finale l'esecuzione di un «pezzo originale a scelta». Diamante a Palermo e Veggetti a Roma esigevano negli esami di passaggio dal quarto corso in poi l'esecuzione di una sonata classica scelta fra le opere di Bach, Haendel, Haydn e Marcello.

Il corso di flauto era però fondamentalmente composto dagli studi di Hugues, Andersen, Koehler, Galli e Briccialdi. Con lo stesso spirito il Regio Decreto del 1930 prevedeva nei due esami cardine, il Compimento inferiore e il Diploma, solo una sonata, o usi concerto a scelta, senza pezzi d'obbligo che non fossero gli studi[27].

Con grande capacità analitica e critica è ancora una volta Petrucci a sottolineare come tale scelta fu però in effetti nefasta oltre che nell'oblio e nella frequentazione del vecchio repertorio, addirittura anche nello stesso campo degli studi tecnici cui in maniera così univoca si rivolgeva

seguì poi, dopo anni di confusione, un riordino degli studi flautistici che, se da un lato lasciava totale libertà di scelta all'insegnante per tutto ciò che atteneva il programma da svolgere durante i previsti sette anni di studio, dall'altro imbrigliava i due esami di Stato, compimento medio e diploma, in scelte limitanti e, per certi versi, incomprensibili. Tutti sappiamo perfettamente che alcuni studi obbligatori al compimento inferiore sono assai più difficili di certi previsti per il diploma, come tutti ci siamo chiesti il motivo di rendere obbligatorio lo studio di ben tre opere di Joachim Andersen (op. 15, op. 60, op. 63) ed eliminare gli studi op. 75 di Ernesto Köhler, per non parlare dell'aver ghettizzato l'opera didattica di Giulio Briccialdi al corso inferiore.

È evidente che gli estensori dei programmi obbligatori, in un sussulto di esterofilia, preferirono tagliare il nodo gordiano delle tante possibilità pedagogiche nazionali, escludendo metodi e studi che considerarono superati e troppo ancorati alla tradizione. In tale modo si persero non soltanto la conoscenza di serie di studi di grande valenza e bellezza, ma un modo di concepire la gradualità dell'insegnamento e la pratica della tecnica pura che i metodi di Krakamp, Romanino, Briccialdi, Franceschini, De Michelis e tanti altri avevano sempre indicato e previsto graficamente nelle loro opere.

Si perse lo studio dell'arte del preludio in tutte le tonalità (Romanino, Briccialdi, Ciardi,

27 E. GALANTE ne *Il flauto del '900,* in G. LAZZARI, *Il flauto traverso,* EDT Torino 2003, p. 204.

De Michelis, De Lorenzo), la pratica degli studi con accompagnamento di pianoforte (Monzani, Romanino, Ciardi, Briccialdi, De Michelis) e, sostanzialmente, la ricchezza dipesa dalla varietà[28].

Da tali considerazioni appare dunque consequenziale la mancanza di stimoli e l'oggettivo disinteresse verso il flauto da parte dei maggiori compositori della prima metà del 1900, come si evince chiaramente dall'elenco che segue:

M. Enrico Bossi	Siciliana e Giga	(fl-pf)	1896
	Improvviso	(fl-pf)	
F. Busoni:	Albumblatt	(fl-pf)	1916
	Divertimento	(fl-pf o orch)	1920
V. Rieti:	Sonatina	(fl-pf)	1920
Mario Pilati:	Sonata	(fl-pf)	1929
E. Carabella:	Preludio, cadenza e finale	(fl-pf)	tra il 1920 e '30
A. P. Yon	Sonata op. 78	(fl-pf)	1925
G. Guerrini	Egloga	(fl-pf)	1927
A. Longo	Suite	(fl-pf)	prima del 1934
R. Zandonai	Poemetto	(fl-orch)	1937
G. F. Ghedini	Concertato	(fl-orch)	1942
M. C. Tedesco	Divertimento	(due fl)	1943
R. Vlad	Sonatina	(fl-pf)	1945
G. Petrassi	Dialogo angelico	(due fl)	1948
F. Margola	VII Quartetto	(fl-archi)	1949
	Sonata	(fl-pf)	
A. Renzi	Mnemosyne	(fl-pf)	1951
Bruno Maderna	Divertimento in due tempi	(fl-pf)	1953
G. Pannain	Sonatina	(fl-pf)	1954
G. Guerrini	Dialogo sui fiori	(fl, sax T, pf)	1956
Antonio Veretti:	Concertino	(fl-pf o orch)	1957

Se si confronta tale ricostruzione cronologica con quella analoga fatta per i compositori francesi apparirà netta la differenza nella quantità e nello spessore dei brani.

---

28 G. Petrucci, *La scuola flautistica italiana* FaLaUt Collection Napoli 2002, pp. 58-59.

Va notato che tra questi volutamente non è presente Siciliana e Burlesca di Alfredo Casella che in diversi testi di storia del flauto editi recentemente viene erroneamente catalogato tra il repertorio italiano di inizio secolo e che invece, come abbiamo sottolineato precedentemente, fa parte di diritto di quello francese in quanto scritta da Casella all'età di trent'anni dopo che da diciassette si era trasferito a Parigi con la madre, ed il brano fu richiesto dai docenti di flauto come morceau de concours a Parigi nel 1914.

Va inoltre notato che Busoni dedicò il suo famoso divertimento a Philippe Gaubert e l'album blatt per flauto e pianoforte ad Albert Biolley, flautista svizzero dilettante.

Forse ancora più eclatante e paradigmatico è il caso invece della sonata di Mario Pilati, ultimamente tornata nei circuiti concertistici dopo settanta anni di oblio grazie al fortunoso ritrovamento dell'ultima copia esistente a Napoli ed alla sua conseguente recente ristampa da parte della Accademia Italiana del Flauto.

Ebbene, tale brano fu eseguito la prima a Roma nel 1931 nella sede della Accademia Americana, con Marcel Moyse al flauto ed Alfredo Casella al pianoforte!

2.1. La figura chiave di Severino Gazzelloni nell'ambito dei Ferienkurse di Darmstadt.

Per analizzare correttamente la rinascita della letteratura flautistica in Italia nel dopoguerra operata grazie all'attenzione suscitata da Severino Gazzelloni sul flauto traverso occorre sottolineare due elementi fondamentali, senza i quali tale ricerca risulterebbe nella migliore delle ipotesi deficitaria, se non scorretta almeno prospetticamente.

La prima pietra angolare dalla quale partire è il rapporto fondamentale costruitosi tra il flautista romano ed i compositori presenti tra il 1952 ed il 1966 nei corsi estivi di Darmstadt, rapporto che andò intensificandosi notevolmente da tutti i punti di vista proprio nel corso degli anni.

La seconda è l'epocale esecuzione della *Sonatine* per flauto e pianoforte di Pierre Boulez proprio a Darmstadt nel 1956 che mise letteralmente sotto i riflettori Gazzelloni stesso e le possibilità insite nel flauto traverso.

Severino Gazzelloni, Sergio Lorenzi, Franco Donatoni (foto di Galliano Passerini)

Vi è un rapporto particolare tra il Maestro ed i corsi che tenne a Darmstadt dal 1952 al 1966, un rapporto evidenziato anche nelle sue ultime interviste, che denotano l'orgoglio di aver preso parte in maniera fattuale ad un momento magico ed irripetibile della storia della Musica del secondo '900.

È stata una stagione fortunata.

Gli intenti, i propositi, le prospettive avevano un respiro ampio e gli anni di Darmstadt riuscirono a catalizzare forze disparate che pur nelle diversità di linguaggio riuscirono a formulare una proposta concreta, un nuovo modo di pensare la musica ancor prima di eseguirla[29].

Per quale motivo allora anche tracciando un bilancio sulla propria carriera Severino Gazzelloni differenzierà questo da tutti gli altri corsi e tutti gli altri incarichi di docenza affidatigli?

Dal punto di vista della tradizione infatti i Ferienkurse certamente non possono essere collocati al livello delle altre storiche accademie in cui il flautista romano insegnò, che furono la Chigiana di Siena, il Conservatorio S. Cecilia di Roma, la Hochschule di Colonia, la Hochschule di Freiburg im Breisgau, la Summer School di Darlington e l'accademia Sibelius di Helsinki, unitamente ad un memorabile corso di esecuzione musicale tenuto nel 1970 al Conservatorio di Ginevra insieme a N. Magaloff e H. Szeryng.

Darmstadt fu però qualcosa di più di un semplice mandato di docenza o corso, fu un laboratorio aperto contraddistinto da un clima lavorativo diverso, un luogo ove Gazzelloni poté collaborare non solo come valente esecutore, ma di fatto quasi come co-autore, in una stesura a "quattro mani" delle opere che lì venivano pensate, elaborate, provate.

Enzo Restagno così sintetizza tale peculiare rapporto che si instaurò tra compositori ed esecutori:

Darmstadt fra le altre cose ha prodotto alcuni interpreti straordinari: uno di questi era il pianista David Tudor, un altro, da noi ben più noto, era il flautista Severino Gazzelloni. E questi hanno dato un contributo formidabile di intelligenza, forse ancora più che intelligenza di sintonia con quello che accadeva, con quello che i compositori facevano; collaboravano gomito a gomito, talvolta assurgono ad un rango direi di co-autori quasi[30].

Occorre ricostruire precisamente gli anni in cui il flautista romano fu presente nella piccola città dell'Assia e parallelamente anche le esecuzioni che si tennero nel corso dei Ferienkurse per approfondire con oggettività la tematica di questo nostro lavoro.

Un contributo decisivo in tal senso è stato dato dalla ricerca di Antonio Trudu poi raccolta nel volume "La Scuola di Darmstadt"[31], ove l'autore ricostruisce scientificamente attraverso gli archivi dell'Internationales Musikinstitut Darmstadt e tutti i programmi di sala delle annesse

29 S. Gazzelloni nella sua ultima intervista in G. Petrucci – M. Benedetti, *S. Gazzelloni il flauto del '900* Napoli, F. Pagano Editore 1993, p. 269.
30 E. Restagno, *I Giorni di Darmstadt, in AA VV Musica Società e Cultura*, Vol. V la musica contemporanea Torino: Regione Piemonte, Assessorato alla Cultura, 1984.
31 A. Trudu, *La "scuola" di Darmstadt: i Ferienkurse dal 1946 a oggi*, Milano: Ricordi Unicopli, 1992.

manifestazioni un preciso quadro degli eventi che qui riporteremo relativamente alle nostre analisi: benché i primi corsi fossero partiti nell'agosto 1946 nel castello di Kranichstein, la presenza del flauto dovrà attendere il 1948, ed il primo docente sarà il giovanissimo Kurt Redel, all'epoca insegnante al Mozarteum di Salisburgo e vincitore del prestigioso concorso di Ginevra.

Questa scelta denota una caratteristica importantissima anche degli anni a venire e dei successivi docenti di flauto, che non verranno mai selezionati nell'ottica di strumentisti "specializzati" in un certo tipo di musica, ma semplicemente tra le fila di validi e preparati strumentisti.

Fu questo come vedremo uno dei lati più particolari ed importanti allo stesso tempo, e fu anche una caratteristica che contribuì negli anni del dopo-Darmstadt alla concreta diffusione delle musiche dell'avanguardia nei circuiti concertistici più disparati.

Il 1948 vide il corso affidato a Gustav Scheck, che fu il primo flautista tedesco ad introdurre in Germania proprio il flauto Böhm con il corpo metallico, tipologia di flauto che aveva avuto modo di sentire e provare a Parigi.

Va notato che Scheck suonava, come Gazzelloni, un flauto d'argento costruito a Friburgo dal geniale artigiano Johannes Erhard Hammig.

Per problemi di natura economica gli anni 1950 e 1951 videro l'assenza dei corsi del flauto, che riaprirono nel 1952 proprio con Severino Gazzelloni.

Il nome del flautista romano era stato proposto da Bruno Maderna, e nell'anno del suo corso vennero eseguiti il *Pierrot Lunaire* di Schönberg, la Sonata per Flauto e Pianoforte op.12 di R. Leibowitz e, in prima esecuzione assoluta, *Musica su due dimensioni* per flauto e nastro magnetico di Bruno Maderna.

La casualità volle proprio Gazzelloni presente a Darmstadt in un'annata che per molti versi possiamo definire "cruciale", ed alla cui peculiarità egli stesso contribuì se pure indirettamente.

Il 1952 infatti è l'anno successivo alla morte di Arnold Schönberg, evento che ebbe un impatto emotivo fortissimo su tutto il mondo musicale di allora ed in particolar modo a Darmstadt, ove "la presenza di Pierre Boulez fra i protagonisti dei Ferienkurse conferma la consapevolezza di Steinecke che un periodo si era chiuso e la sua lucida volontà di voltare pagina"[32].

Il famoso articolo *"Schönberg è morto"*[33] era uscito tre mesi prima dell'apertura dei Ferienkurse e trovò in essi un terreno naturale di discussione ed approfondimento.

32 A. Trudu, *La "scuola" di Darmstadt: i Ferienkurse dal 1946 a oggi* – Milano: Ricordi Unicopli, 1992 p. 74.
33 P. Boulez, *"Schönberg is dead"*, *The Score* n°6, Maggio 1952.

Gazzelloni iniziò dunque ad entrare in quello che Scherchen definiva *"un pezzo vivente di storia della musica"*[34] ed il musicologo francese Goléa *"un laboratorio della musica moderna, che qui per fortuna viene affermata con passione ed anche con un po' di fanatismo"*[35].

Come abbiamo già ampiamente sottolineato non era assolutamente uno specialista particolare del settore "contemporaneo", ma si trovò a suo agio già dal primo concerto, dal momento che aveva assimilato perfettamente la parte del flauto del Pierrot di Schönberg in una tournée in Germania già dal 1947, anno in cui fu chiamato al leggio da Mario Peragallo e duettò nello splendido assolo della luna malata con una settantunenne Marya Freund, la storica prima interprete di tale difficile parte vocale.

Inoltre l'esecuzione di *Musica su due dimensioni* che vedeva per la prima volta l'utilizzazione del "nastro magnetico" fu accolta con un'autentica ovazione, sia per le intrinseche qualità del brano, sia per la reazione negativa da parte dei critici e del pubblico al brano precedente nel programma di sala, *Kreuzspiel* di un ventiquattrenne Stockhausen, I esecuzione assoluta di un opera del compositore tedesco.

Quel pezzo fu per la maggior parte degli ascoltatori un autentico shock: nessun motivo, nessun ritmo, solo singoli suoni che risuonano in maniera apparentemente sconclusionata. In sala la tensione e l'agitazione crescevano con il passare dei minuti: quando il clarinetto basso emise un inatteso suono grave in fortissimo, alcuni spettatori scoppiarono in una risata.
Stockhausen continuò a dirigere nella più assoluta concentrazione, ma l'incantesimo si era rotto e la confusione crebbe, così che l'esecuzione finì tra gli schiamazzi e i fischi. Né valse a calmare gli animi il duro rimprovero di Herbert Fleischer a Friedrich Wildgans, accusato di aver di proposito eseguito così forte quel suono perché rifiutava quella musica"[36].

La stampa nelle recensioni fu tutta per il flautista romano, la cui esecuzione fu definita "insuperabile".

Anche con questo grande inizio la cosa che va notata è come sino al 1956 Gazzelloni fu presente solo ogni due anni, alternandosi con Kurt Redel.

Egli non si manifestò come una presenza schiacciante, ma quasi assorbì il messaggio con una iniziale cautela, una sorta di assimilazione lenta che poi diede in effetti musicalmente i suoi frutti migliori successivamente.

Vedremo che tale caratteristica si manifesterà anche nell'ambito di molta musica scritta da compositori conosciuti a Darmstadt ma che poi gli dedicarono brani per flauto anche dieci anni dopo che non insegnava più nei Ferienkurse.

34 A. TRUDU, La *"scuola" di Darmstadt: i Ferienkurse dal 1946 a oggi*, op. cit., p. 75.
35 *Idem*, p. 75.
36 A. TRUDU, La *"scuola" di Darmstadt : i Ferienkurse dal 1946 a oggi*, op. cit., p. 79.

Il 1954 vide il ritorno del Maestro al corso di flauto, ed il clima di quell'anno fu segnato profondamente da una serie di lezioni di Theodor W. Adorno nell'ambito delle quali il filosofo di Francoforte ribadiva la assoluta importanza della tradizione anche nell'ambito della formazione di un nuovo linguaggio musicale, linguaggio che pur nella necessità di innovazioni e "rivoluzioni" musicali non doveva dimenticare le grandi lezioni del passato.

L'interessante paradosso teorizzato da Adorno era che

per eseguire correttamente Beethoven era necessario capire Schönberg e Webern, i quali non avevano fatto altro che procedere sulla strada da lui indicata (...) la nuova musica, l'opera di Schönberg soprattutto, ha insegnato che l'essenza della musica va cercata nelle connessioni strutturali[37].

Fu un poco la frase di Mahler *"tradizione è sciatteria"* a permeare tutti i corsi di quell'anno, che si pose proprio come propedeutico alla grande diatriba che avrebbe invece caratterizzato quelli successivi: in che rapporto porsi con la grande tradizione e, soprattutto, con l'improvvisazione e l'alea che denoteranno la precisa volontà di fare tabula rasa del passato?

Sono certamente tematiche fondamentali, all'interno delle quali lo stesso Gazzelloni seppe mantenere un equilibrio straordinario anche negli anni successivi, quando portò nelle sale da concerto di tutto il mondo anche partiture che si ponevano chiaramente nell'ottica cageana.

La celebre frase *"straniando brechtianamente l'opera musicale dalla tradizione la si conserva per il presente"*[38].

È un punto nodale solo se la si colloca per quanto riguarda la letteratura flautistica di Darmstadt dal punto di vista grafico o prettamente organologico, mentre non la si può estrapolare applicandola ad una vera e propria estetica compositiva, che nel profondo non toccò mai il flautista romano.

Mentre infatti le tese discussioni che si stavano accendendo in quegli anni ad esempio tra Nono Boulez e Stockhausen specialmente dopo l'arrivo a Darmstadt di Cage riguardarono la possibilità di fare tabula rasa della tradizionale metodologia compositiva per una introduzione assoluta della musica elettronica o dell'alea più libera, Gazzelloni riconduceva tali sofisticate tematiche semplicemente in una sorta di "preferenza" idiomatica, un "rispetto" verso il carattere essenziale e tradizionale (però solo dal punto di vista sonoro ed organologico) del flauto.

---

37 A. Trudu, *La "scuola" di Darmstadt: i Ferienkurse dal 1946 a oggi,* op. cit., p. 92.
38 Idem, p. 92.

Severino Gazzelloni e Bruno Maderna[39]

Da un lato dunque sin dai primi anni Gazzelloni si legò moltissimo a quei compositori come Maderna, Berio e Nono che gli scrissero brani d'avanguardia destinati a divenire pietre miliari del repertorio flautistico ma dai quali era assente un vero e proprio discorso aleatorio o di elementi extramusicali, dall'altro uno stuolo di compositori successivi gli dedicarono brani caratterizzati da interessanti aleatorie scelte di percorso da parte dell'esecutore (*Proporzioni* di Franco Evangelisti, *Rhymes* di Yori-Aki Matsudaira, *Couple* di Sylvano Bussotti) o da elementi gestuali e scenografici estranei al contesto strettamente musicale (*Negativo* di Domenico Guaccero, *Somaksah* di Yoritsune Matsudaira).

Le esecuzioni di questi brani profondamente diversi rispetto ai lavori di Togni Nono, Maderna e Berio che caratterizzarono i primi anni di corso furono però portate avanti nelle ultime estati in cui il Maestro insegnò nella cittadina tedesca, e, soprattutto, nelle tournée che lo videro presente tra la fine degli anni sessanta a tutti i settanta in giro per il mondo. C'è infatti una discrepanza tra ciò che il Maestro racconta riguardo la frequentazione con la musica di Cage e la realtà ricostruibile dagli opuscoli programmatici dei corsi ed i relativi programmi di sala dei concerti:

"Noi saltammo il fosso, come si dice.
Superammo Schoenberg, Berg, Strawinsky, tutte quelle scuole, noi le superammo e cominciammo a creare qualche cosa, a discutere ogni sera su che cosa si poteva scrivere, che cosa si poteva fare di nuovo, perché era passata una guerra, bisognava rifare un mondo nuovo, perché veniva fuori una generazione nuova alla quale noi dovevamo dare qualche cosa per un mondo nuovo nel campo della musica. Cosa facevo io con loro: stavamo insieme e mostravo la tecnica durante la lezione. (...) Ma i primi pezzi nacquero come delle improvvisazioni. Come scrivevano la musica? Non si scriveva

---

39 Foto di Galliano Passerini.

quasi niente: delle piccole note, degli appunti sugli spazi e quindi si incominciava a improvvisare, stando attenti solo alla serie, che non venissero fuori le ottave, e quelle cose che sappiamo benissimo nel campo della musica seriale. E comincia questa interpretazione con bel suono, con suono rude, con tecnica particolare, con doppie note, e io dicevo "guardate si può fare anche questo". Ci fermavamo durante gli esperimenti che facevamo in pubblico e il pubblico erano i giovani compositori, tutti interessati al sistema di poter creare qualcosa di nuovo e quindi ecco che comincia un po' la "Gazzelloni-Musik", perché io davo qualche cosa, qualche idea per scrivere, e allora loro cambiavano. Questa era la cosa importante di allora: l'interprete che suggeriva al compositore, che gli dava la possibilità di poter ampliare una frase con i suoi suggerimenti, e poi magari nella frase procedeva con l'indicazione "improvvisazione".

Le "improvvisazioni" potevano essere anche come quelle di Earle Brown, che era con noi allora e che scriveva soltanto dei puntini piccoli, o più grandi, quadratini, dove le note potevano essere staccate, meno staccate, vibrate, lungo uno spazio lungo, una lunga riga e magari con una "V" sopra per indicare che cominciava un vibrato. (...) I ragazzi nuovi che venivano, cominciavano a scrivere perché c'era anche questo interprete che poteva superare le difficoltà, che aiutava i ragazzi anche a stendere delle idee. Con noi c'era John Cage, che sì metteva lì col tam-tam, e io suonavo insieme a lui: c'era talmente una concentrazione di idee che partivamo insieme con delle note che sembravano l'oscillazione del tam-tam. Da questo poi nascevano periodi di composizioni veramente di altissimo livello. Poi si raccoglieva tutto questo materiale, si cominciava a stendere sul pentagramma"[40].

Queste serate oggi verrebbero definite come laboratori di Work-in-progress, ma poi però di fatto non ebbero una pari traduzione quantitativa nelle esecuzioni fatte negli anni di corso.

Ecco la ricostruzione dei brani per Flauto eseguiti da Gazzelloni a Darmstadt dal 1952 al 1966, con una G quando la partitura rechi la dedica al flautista romano e con una P se la prima esecuzione si svolse proprio nell'ambito dei Ferienkurse.

B. Maderna	*Musica su due dimensioni*		fl, perc, nastro magnetico	1952*p*
H. Jelinek	*Zwölftonwerk Op.15 1-6*		2 fl 2 pf	1952*p*
R. Leibowitz	*Sonata op. 20*		fl e pf	1952*p*
S. Prokof'ev	*Sonata Op. 94*		fl pf	1952
A. Schönberg	*Pierrot Lunaire*		Voce, fl (ott), cl (cl basso), Vl, Vla, Vcl	1952
L. Nono	*Y su sangre ya viene cantando*		fl e piccola orch	1953 (in registrazione)
C. Togni	*Sonata op. 35*	G	fl solo	1954*p*
B. Maderna	*Concerto*		fl e orch	1954*p*
B. Hambraeus	*Gacelas y Casidas de Lorca*		fl, voce e strumenti	1954*p*

---

40 G. Petrucci – M. Benedetti, *S. Gazzelloni il flauto del '900,* op. cit., p. 20.

H. Heiss	*Concerto*		fl e orch	1954*p*
A. Schönberg	*Kammersynphonie (elaborazione di A. Webern)*		fl, cl, vl, vcl, pf.	1954
O. Messiaen	*Le merle noir*		fl e pf	1956
P. Boulez	*Sonatine*		fl e pf	1956 *p*, 1957
B. Maderna	*Serenata n°2*		fl-ott,cl,cl b,tr,crn,arp,xil,pf,vl,vla,ctrb	1957*p*
B. Maderna	*Musica su due dimensioni*		fl, nastro magnetico	1957
L. Berio	*Serenata I*		fl e 14 strumenti	1957
L. Berio	*Sequenza I*	G	fl solo	1958 *p*, 1961, 1966
S. Jemnitz	*Holzbläsetrio Op. 70*		fl, ob, cl	1958*p*
R.H. Ramati	*Interpolation Mobile*	G	uno, due o tre fl, o fl e nastro magnetico	1959 *p*
M. Kelemen	*Studio*	G	fl solo	1959
C. Ballif	*Movimentiper2 Op. 27*	G	fl e pf	1959*p*
E. Brown	*Hodograph*		fl, pf, celesta, campane ,vibraf e marimba	1959*p*
S. Bussotti	*Couple*	G	fl e pf	1959*p*
H. U. Engelmann	*Variazioni Op. 20 b*		fl solo	1960
G. Nordenstrom	*Tasso-concetti*		sop, fl, pf, perc.	1960*p*
H. Pousseur	*Répons pour 7 musiciens*		fl, vl, vcl, pf, armonium e celesta, arpa, perc.	1960*p*
F. Evangelisti	*Proporzioni*	G	fl solo	1961
B. Maderna	*serenata IV*		fl, strumenti e perc	1961*p*
G. Amy	*Invention (Ia Ib)*	G	fl, arp, pf, perc	1961*p*
N. Breecroft	*Tre pezzi brevi*		fl e arpa (o chit o pf)	1961*p*
A. Clementi	*Triplum*		fl, ob, cl	1961*p*
F. R. Steingruber	*Introduction et allegro*		fl, arpa, cl, quartetto d'archi	1961*p*
N. Castiglioni	*Consonante*		fl e orch da cam	1962*p*
F. Miroglio	*Fluctuantes*		fl, arpa e perc	1962*p*
P. Boulez	*Marteau sans Màitre*		A, fl, viola, chit, vibr, xil e percuss	1962

K. Fukushima	*Hi Kyo*		fl pf 4perc picc orch	1963
L. De Pablo	*Condicionado Op. 13*	G	fl solo	1963*p*
J. Guyonnet	*Poliphonie I*	G	fl in sol e pf	1963
H. U. Lehmann	*Quanti I*	G	fl e orch	1963*p*
B.A. Zimmermann	*Tempus loquendi*	G	fl solo (in Sol e Basso)	1964*p*
D. Guaccero	*Negativo per un flautista*	G	fl basso	1964*p*
T. Scherchen	*In*	G	fl solo	1964
A. Szöllösy	*Tre pezzi*	G	fl e pf	1964*p*
B. Porena	*Musica n°3-Neumi*	G	fl, mar e vibraf	1964*p*
B. Maderna	*Dimensioni IV*		fl (ott,fl sol, fl basso) e orch da cam	1964*p*
J. M. Peixinho	*Dominò*		fl in sol e percussione	1964*p*
C. Debussy	*Syrinx*		fl solo	1964
F. Valdambrini	*Cantica, Kammermusic 2*		fl ed orch da cam	1965*p*
B. Maderna	*Le Rire*		fl e nastro magnetico	1966*p*
B. Amman	*Successions*	G	fl solo	1966*p*
P. Heininen	*Discantus*		fl in sol	1966*p*
P. Renosto	*Dinamica I*		fl in solo	1966*p*

Sono dunque da sottolineare tutta una serie di elementi a questo punto dimostrabili in maniera chiara: Gazzelloni riuscì a catalizzare l'attenzione sul flauto sin dal suo arrivo a Darmstadt nel 1952 grazie ad una assoluta padronanza tecnica ed a un vero e proprio virtuosismo "del suono".

Non era uno specialista di "tecniche" contemporanee, non era un intellettuale permeato da problematiche estetiche o compositive, ma "semplicemente" un grande virtuoso dalla formidabile tecnica e dal suono smagliante.

L'esecuzione del 1952 della sonata di Prokof'ev op. 94 fu già un notevole biglietto da visita, in quanto tale brano, originariamente scritto nel 1943 dal grande compositore russo per flauto, pur avendo avuto una "prima" eccellente nel medesimo anno con il flautista Nicolai Charkovsky e Sviatoslav Richter al pianoforte, per la eccezionale difficoltà non aveva trovato altri flautisti capaci di eseguirla, uscendo quindi, ancor prima di entrarvi, dal repertorio flautistico.

Una colossale mistificazione seguì nel momento in cui David Oistrakh interessandosene aveva chiesto a Prokof'ev di adattarla per violino, versione in cui tale lavoro trovò invece immediata e plauditissima diffusione. Addirittura il numero di opera fu invertito, ed ancora oggi è questa la catalogazione: Op. 94a la versione per violino, 94b quella per flauto!

Sostanzialmente l'esecuzione del Maestro a Darmstadt, che fu la "prima" per la Germania, ricollocò nella giusta prospettiva questa bellissima sonata, e nello stesso tempo mostrò le potenzialità sonore ed estetiche del flauto.

Severino Gazzelloni, Eduardo De Filippo, Gian Carlo Menotti, Bruno Madrena[41].

Il "flautismo" di Gazzelloni non era assolutamente omologabile ad alcun altro esecutore dell'epoca, specialmente in relazione al volume di suono emesso ed alla capacità di timbrarlo nei differenti registri d'ottava.

Fu questa e non semplicemente la "velocità" ad accentrare l'attenzione di tutti i compositori presenti a Darmstadt sulla possibilità di tornare a scrivere per questo strumento, dal momento che offriva una incredibile possibilità timbrica, una vera e proprio tavolozza di colore, assolutamente impensabile e sostanzialmente insospettata sino ad allora.

Gazzelloni aveva raccolto perfettamente l'eredità romantica della scuola italiana del 1800, e se certamente soprattutto in quegli anni non aveva il minimo interesse a riproporre i classici brani variati dei flautisti-compositori, focalizzava però la loro più importante peculiarità che già abbiamo evidenziato nel capitolo precedente, consistente in una maniacale attenzione al fraseggio belcantistico ed a un suono corposo dalle ricche sfumature timbriche. Come dire: Gazzelloni.

Se si analizzano gli innumerevoli esempi discografici di quegli anni si può capire perfettamente quale differenze permei lo stile esecutivo del Maestro rispetto proprio ai "cugini" d'oltralpe: se Moyse, Gaubert e Rampal caratterizzavano tutte le loro esecuzioni ed anche i loro metodi didattici con il concetto della leggerezza, della omogeneità assoluta di registro, della velocità e fluidità esecutiva, Gazzelloni puntò in taluni aspet-

41 Archivio privato di Gian-Luca Petrucci.

ti proprio sull'esatto contrario: un suono molto robusto e denso, una netta volontà di esprimere il diverso carattere delle tre ottave del flauto, e, spesso, addirittura lo studio e la realizzazione di timbrature sonore diverse sulla stesa nota.

La descrizione di tale ricerca è del Maestro stresso:

un suono che avevo creato io stesso sul vibrato del violino, del violoncello, non sulla scuola francese. Io ammetto che fosse una bella scuola, ma era la 'vielle manière' di suonare il flauto, (...) e non rappresentava il mio ideale (...). Quindi io cominciai a pensare a un bel suono robusto, un vibrato da adattare ai vari stili della musica, cosa molto importante, e così venne fuori la "scuola Gazzelloni", (...) che io portai non soltanto in Europa, ma negli Stati Uniti e in Giappone[42].

Tale messaggio, una sorta di vera e propria innovazione idiomatica del flauto con l'amplificazione delle migliori caratteristiche delle scuola italiana fu immediatamente recepito, prima da quei direttori di orchestra che avevano avuto Gazzelloni come primo flauto, tra i quali lo stesso Igor Stravinkij ("esistono tutt'ora dei veri virtuosi. Sono strumentisti eccezionali: il flautista romano Gazzelloni, il clarinettista parigino Deplus i quali hanno veramente conseguito mediante le loro esecuzioni di nuova musica effetti strumentali e musicali.

Sono sconosciuti certo, ma il loro valore nei riguardi della musica è maggiore di quello dei loro celebri colleghi")[43], Paul Hindemith ("Gazzelloni è un flautista dalle qualità uniche"), Furtwängler ("un artista prima d'ogni altra cosa"), Karajan ("rinnova i fasti del virtuosismo ottocentesco"), Celibidache ("il flauto di fuoco"), e successivamente da tutta quella foltissima schiera di compositori che nel suo flauto avevano trovato il catalizzatore per i loro pensieri musicali e che anche nei ricordi successivi facevano un preciso riferimento alle qualità così particolari e lavorate del suo suono. Così ad esempio Aldo Clementi *presentando Ideogrammi 2 del 1959 attribuisce al suo interprete la funzione inconscia di filtro degli stereotopi flautistici*[44]:

"Sino a quando ho iniziato questo lavoro, richiestomi da Severino Gazzelloni e a lui dedicato, il flauto mi era apparso come materia inarticolabile in quanto vincolata a certi luoghi comuni: lo pensavo, insomma, solo come destinato per sua natura a sfociare inevitabilmente (dati anche alcuni equivoci di oggi) nel liberty e nel "floreale". Questo handicap, filtrato inconsapevolmente attraverso l'impegno di scrivere per un simile flautista, si mutò da un lato in stimolo a "cercare", dall'altro nel piacere di violentare alcuni ereditari difetti di linguaggio (a mio parere) dello strumento"[45]

---

42 G. GRAZIOSI, *l'interpretazione musicale,* Einaudi 1952 p. 84.
43 I. STRAWINSKIJ - Memorie trad. ital. di L.B. Savarino *Colloqui con S.* Torino, Einaudi, 1977 p. 176.
44 G. PETRUCCI - M. BENEDETTI, *S. Gazzelloni il flauto del '900,* op. cit., p. 25.
45 A. CLEMENTI, *Presentazione del concerto del 21 settembre 1960* al "XXIII Festival" di Venezia.

o Jacques Guyonnet riguardo il suo citato *Polyphonie I*

Fu in effetti dopo aver seguito le prove di *Marteau sans Màitre* a Darmstadt che fui colpito dalle straordinarie qualità sonore del flauto in sol suonato da Severino Gazzelloni. Questo pezzo è scritto per lui"[46]

o ancora Boris Porena che così sintetizzava

scritti nel 1963, i neumi sono dedicati a Severino Gazzelloni, di cui intendono sfruttare più le straordinarie capacità di 'bel suono' che il prodigioso tecnicismo[47].

Un altro elemento fondamentale riguardò l'utilizzo di tagli diversi e sostanzialmente poco utilizzati nella famiglia del flauto traverso: il contralto ed il basso.

Gazzelloni dedicò proprio a quest'ultimo un intero concerto a Darmstadt nel 1964 definendo tale evento "presentazione di un nuovo strumento", sapendo benissimo che ciò era un falso storico, in quanto già Zandonai nel 1912 aveva dedicato ad un modello di flauto basso costruito da Abelardo Albisi a Milano importanti soli nella *Melenis* ed un anno dopo nella *Francesca da Rimini*, così come poi fece lo stesso anno Mascagni in *Parisina*.

Forse per "nuovo strumento" si intendeva l'estrapolazione dello stesso da una compagine orchestrale ed una conseguente elevazione al rango di strumento solista, capace addirittura di reggere un intero concerto.

Il dato di fatto è che da allora la letteratura per i tagli gravi del flauto fiorì letteralmente, sino la punto da spingere diversi compositori a scrivere brani nei quali venivano suonati consecutivamente tutti, dall'ottavino al basso.

L'ultima considerazione da farsi analizzando lo schema delle esecuzioni di Gazzelloni dal 1952 al 1966 riguarda la tipologia delle partiture suonate.

Si nota infatti chiaramente che con un processo costante il Maestro inserì nei propri programmi musiche sempre più "sperimentali", abbandonando gradualmente il repertorio "storicizzato" per recital all'insegna di brani freschi di stampa: se analizziamo le esecuzioni sino al 1957, ovvero quattro anni di corso del Maestro, notiamo che accanto a brani in prima assoluta (Leibowitz, Togni, Heiss, Maderna), compaiono ancora brani di Schönberg, Boulez, Varese, che sebbene moderni sono già "secolarizzati" dal punto di vista esecutivo.

---

46 J. GUYONNET, *Presentazione del concerto del 13 aprile 1963* al XXVI Festival di Venezia.
47 B. PORENA, *Presentazione del concerto del 9 settembre 1964* al XXIX Festival di Venezia.

Dal 1957 al 1966 invece le esecuzioni sono tutte rivolte a brani scritti a Darmstadt e sostanzialmente sconosciuti, con un'unica piccola gemma: l'esecuzione di Syrinx di Claude Debussy nel 1965.

Questo è un dato da sottolineare, proprio perché dimostra la forza del cammino sperimentale e del gruppo di lavoro che si era formato e consolidato della cittadina tedesca con gli anni, quasi a testimoniare la necessità per quel mese estivo di concentrarsi solo sulla nuova musica, di dare spazio alle partiture appena scritte, di caricarsi dei nuovi stilemi che poi venivano portati "a casa" dagli esecutori dedicatari.

Questo è uno dei lati in cui Gazzelloni dimostrò di aver recepito e quasi somatizzato appieno il messaggio di Darmstadt: non solo infatti ritornando dai corsi riproponeva poi in giro per il mondo tali brani nei concerti che già lo vedevano impegnato tutto il resto dell'anno, ma stimolava altri ed importanti compositori a scrivergliene degli altri, in una ideale continuazione del laboratorio vivo che fu la cittadina dell'Assia.

I casi più eclatanti potrebbero essere ad esempio quello di Petrassi che, pur non avendo mai messo piede a Darmstadt, dedicò a Gazzelloni prima il *Concerto per flauto e orchestra* nel 1960, e poi *Souffle*, per ottavino, flauto e flauto in sol (unico esecutore).

Anche singolare risultò il caso di Gian Francesco Malipiero, che alla veneranda età di 85 anni scrisse il suo unico concerto dedicato ad uno strumento a fiato, il *Concerto per flauto ed Orchestra* del 1967, dopo aver ascoltato Gazzelloni in un concerto del Festival di Venezia di musica contemporanea.

Severino Gazzelloni e Gian Francesco Malipiero[48]

La città lagunare che ospitava la Biennale e sin dal 1925 l'annesso Festival di Musica Contemporanea fu infatti dal punto di vista esecutivo una sorta di ideale prosecuzione di Darmstadt, ove Gazzelloni suonò molta musica già eseguita ai ferienkurse e molta altra in altrettanto celebri prime assolute.

48 Archivio privato di Gian-Luca Petrucci.

Un aspetto riguardo proprio la biennale di Venezia risulta paradigmatico rispetto a tale ideale ampliamento di Gazzelloni del lavoro svolto nell'estate a Darmstadt e successivamente anche dopo il 1966, ultimo anno di corso del Maestro nella città tedesca, ed è quello delle tante composizioni scritte per lui proprio da autori conosciuti e magari eseguiti in altri lavori proprio in Germania.

Se analizziamo infatti i programmi di sala di molti importanti concerti che il maestro tenne sino alla fine degli anni '70 scopriamo che accanto alle migliori e storiche partiture uscite dalla fucina di Darmstadt quali *Sequenza I, Couple, Musica su Due dimensioni* (con le successive rielaborazioni), il Maestro affiancò ben presto brani composti successivamente o dagli stessi autori o da compositori conosciuti ai Ferienkurse.

È doveroso citare *Honeyreves* di Bruno Maderna per flauto e pianoforte, brano composto nel 1961 del quale Gazzelloni diede la prima il 23 aprile 1962 al XXV festival di Venezia e che ripropose in moltissime occasioni, come nel concerto per la I.U.C. del 12 gennaio 1970 a Roma, o nel prestigioso primo recital della Scala dedicato interamente al flauto traverso (13 dicembre 1976), od anche del poema *Don Perlimplim* ovvero il trionfo dell'amore e dell'immaginazione ancora dell'amico Maderna (12 agosto 1962 a Roma con la direzione e regia dello stesso Maderna), come di *Puppenspiel n°2* di Franco Donatoni per flauto-ottavino ed orchestra, che vinse inaspettatamente con grande acclamazione il Premio Marzotto del 1966[49], od ancora le amate composizioni dei "flauti d'oriente" Kazuo Fukushima (*Mei*,1962, flauto solo, 23 aprile 1962 XXV festival di Venezia - *Kada-Karuna*,1962, flauto e pianoforte, ancora I recital di Gazzelloni alla scala 13 dic 1976) e Yori-Aki Matsudaira (*Rhymes for Gazzelloni*,1965, flauto solo, 10 settembre 1966 al XXV Festival di Venezia e 30 ottobre 1970 a S. Cecilia, Roma).

Un messaggio dunque grandemente elaborato e capillarmente diffuso, dalla grande sala al piccolo concerto di provincia ove le eco dei grandi pensieri, delle grandi tensioni estetiche, delle fatiche compositive di una piccola città dell'Assia risuonavano nel tubo d'oro di un artigiano dell'esecuzione flautistica che lo aveva lentamente assimilato e perfezionato in un continuum estetico anche negli anni successivi.

Fu proprio questo uno dei motivi fondamentali dell'enorme diffusione ed anche del successo delle partiture citate, partiture che pur nate per Gazzelloni in una sorta di cenacolo-laboratorio di elevatissima qualità (Darmstadt o la Biennale di Venezia) venivano portate nelle grandi sale da concerto di tutto il mondo ed anche nelle "roccaforti" legatissime ad-

---

49 Questo le motivazioni dell'assegnazione della giuria, presieduta da Franco Ferrara, *"avendone giudicate smaglianti le caratteristiche, ed in particolare la vivacità dell'ispirazione, l'efficace leggerezza della strumentazione e la concordanza esistente tra il linguaggio musicale ed il suo rivestimento sonoro"* in *Premio Marzotto 1965-66,* pubblicazione a cura della Segreteria del Premio Marzotto, Vol. VII.

dirittura alla più severa tradizione belcantistica come la Scala stessa od il conservatorio di Napoli (recital dell'11 giugno 1958).

C'è infatti una profonda differenza tra la fruizione estetica (qui veramente nel senso etimologico) del pubblico medio dei concerti della fine degli anni cinquanta e di tutti i sessanta rispetto invece a quello che va dagli anni settanta ad oggi: essa ,dimostrabile leggendo quei rari volumi dedicati alla ricostruzione delle programmazioni dei principali enti concertistici[50], si esplicava nello scetticismo che talvolta rasentava la contestazione a suon di fischi e urla e nella conseguente difficoltà da parte dei direttori artistici di inserire brani contemporanei e di sperimentazione.

Gazzelloni veniva invece recepito diversamente, come se il pubblico si "fidasse" di un esecutore già precedentemente apprezzato ed amato sul repertorio classico che aveva inoltre la dote innata di una grande comunicatività e presenza scenica.

Così sintetizza Piero Rattalino, proprio riconducendo il discorso al citato grande successo ottenuto al Premio Marzotto del 1966:

Era stata una sorpresa, la vittoria di Donatoni, perché il Premio Marzotto non si era di certo collocato mai, prima di allora, nella scia di Darmstadt, dell'avanguardia. Sorpresa, dunque, sorpresissima per chi conosceva i retroscena della vita musicale. Per chi non li conosceva, il Premio Marzotto era il Premio Marzotto, una cosa rispettabile che consacrava un artista, una specie di ingresso in un'accademia nazionale.
Così, ad ascoltare l'opera vincitrice del Premio Marzotto, presentata in varie sale, ci andò il solito pubblico dei soliti concerti, non il pubblico che si muoveva ad accorruomo solo quando c'era da sentire una di quelle cose che mettevano in attività tutta la materia grigia.
A quel pubblico prudente e un po' distratto che beveva Vivaldi, Beethoven, Strawinsky e allontanava da sé l'amaro calice contenente Boulez, Puppenspiel n. 2 piacque. Forse anche per merito di Franco Donatoni, ma sicuramente per merito di Severino Gazzelloni[51].

Il flautista romano riusciva a sciogliere quei "fraseggi glaciali" come lui stesso li definiva, proponendoli magari tra una sonatina giovanile di Mozart e la melodica sonata di F. Poulenc, ed evitando l'idea di esecutore specializzato riusciva paradossalmente a raggiungere una quantità di ascoltatori assolutamente impensabile per quegli anni, anche se paragonato a colleghi pianisti o violinisti.

Gazzelloni stesso ricorda nella sua autobiografia[52] che in taluni casi dovette ricorrere a tutta la sua autorità per terminare un concerto durante il quale inaspettatamente dei contestatori fischiavano dimostrando sonoramente il loro scetticismo, ma non risulta che non vi sia mai riusci-

---

50 Cfr *60 anni di musica*, a cura di Michele Francolino, per la Istituzione Universitaria dei Concerti, Roma 2004.
51 P. RATTALINO, *La piazza di Roccasecca*, in AAVV, *Omaggio a Gazzelloni il flauto d'oro*, Synphonia, Anno IV n° 24, p. 4.
52 E. GRANZOTTO *Il Flauto d'oro*, op. cit., p. 53.

to, anche in quei casi estremi come il citato recital al S. Pietro a Majella di Napoli del 1958, in cui l'ambiente accademico lo aspettò al varco per fischiarlo con aprioristica prevenzione: ebbene, il maestro fermò l'esecuzione e riportò la calma in sala esigendo che si manifestasse rispetto; vi riuscì ed alla fine, capovoltasi la situazione ne uscì con una autentica ovazione, il tutto testimoniato dalla incisione che in quell'occasione fu fatta ed oggi conservata nella nastroteca della Rai di Roma.

2.2. La Sonatine *di Pierre Boulez*

Vogliamo aprire il paragrafo sull'analisi di questa fondamentale opera del repertorio "contemporaneo" con il commento che ne fa il celebre flautista Aurèle Nicolet:

"l'esplosione di quest'opera è quasi incredibile. Boulez aveva 19 anni quando la compose. La realizzazione è molto difficile; l'equilibrio tra flauto e pianoforte risulta quasi utopistico. È affascinante constatare come quest'opera sia rimasta giovane (...). Dopo oltre mezzo secolo rimane un'opera di avanguardia"[53].

Effettivamente si tratta di un brano che capovolge letteralmente l'idea di flauto come strumento aulico-melodico, ed è in assoluta rottura con tutti i brani pensati e scritti sino ad allora, in una sorta di rivoluzionario strappo idiomatico.

Ad una attenta analisi risulterà che le strutture interne di questo brano sono in realtà estremamente vicine alla tradizione compositiva Bachiana e Weberniana di utilizzo di micromateriali tematici sino alloro completo esaurimento, come del resto la struttura è dichiaratamente affine alla *Sinfonia da Camera* dello stesso Schönberg.

Eppure ciò che colpisce l'ascoltatore e che rende ardua l'esecuzione ai flautisti è la fortissima tensione nervosa che permea tale lavoro da capo a fondo, una energia talmente vibrante ed esplosiva da mascherare completamente i lati più "canonici" e tradizionali dello stesso, che ancor oggi appare contemporaneo e molto più sperimentale di quanto in realtà non sia.

La *Sonatine* fu scritta da Boulez nel 1946 su richiesta del celebre flautista marsigliese Jean-Pierre Rampal, che vista la partitura la rimandò al mittente.

È lo stesso Rampal a ricostruire questo avvenimento nella sua autobiografia

la mia aspirazione di suonare una composizione per flauto di Pierre Boulez si presentò e svanì, sfortunatamente, perché il pezzo mi piaceva moltissimo.
Boulez voleva scrivere un pezzo per flauto e mi sentii onorato quando mi chiese di suo-

---

53 G. Petrucci, *A colloquio con Aurèle Nicolet,* Falaut anno III n° 11, Pompei, 2001.

narlo. Avevo incontrato Boulez al Conservatorio di Parigi. Aveva un'aria molto pensosa, appassionata e intelligente. Apprezzava poco buona parte della produzione musicale: era, infatti, ostile a Beethoven, Mozart, Ravel — amava invece Bach. Oggi ha cambiato parere, naturalmente, e ha anche diretto un concerto in cui suonavo il Concerto di Mozart per flauto. Ha eseguito inoltre con me alcune registrazioni del Concerto in re minore di C.P.E. Bach. La prima volta che lo conobbi nel suo periodo di ripulsa ed era molto poco quello che gli andava a genio.

Boulez compose una Sonatina per flauto e pianoforte e mi inviò la mia parte; desiderava che la suonassi con il suo pianista favorito e non con il mio partner Robert Veyron-Lacroix, perché trovava che il suo stile fosse inadatto alla sua musica; d'altra parte neanche Robert era entusiasta della produzione di Boulez. Quanto alla sua scrittura musicale era di lettura estremamente difficile — e io sono un buon lettore a prima vista. Nei manoscritti non esistevano stanghette di divisione o altri segni utili. Potevo presumere che il pezzo suscitasse forti emozioni nell'ambito del programma di un concerto estremamente impegnativo, ma l'idea di impiegare ore o addirittura giorni per trovare il retto cammino attraverso le difficoltà di un simile lavoro moderno, mi logorava.

Cautamente gli chiesi se potesse introdurre qualche stanghetta di divisione. "Suoni com'è scritto. L'unità del ritmo è nella battuta", replicò, fedele ai suoi principi. Ma senza stanghette le pause sono difficili da misurare e il suonare diventa veramente una pena. Rimandai indietro la musica chiedendo a Boulez se poteva farmene avere una copia più leggibile. Forse questo lo infastidì perché passò molto tempo e non ne seppi più nulla. Devo ammettere che il lavoro mi sfuggì anche dalla memoria. Però sono lieto che egli abbia finalmente fatto una copia chiara della sua composizione e abbia anche trovato il flautista per eseguirla, perché si tratta di un lavoro straordinario, vigoroso che procede con la rapidità di un elettrocardiogramma impazzito. Mi spiace di non averlo mai eseguito, ma ne possiedo una partitura con dedica e considero tuttora Boulez non solo un amico ma anche e soprattutto uno dei maggiori geni musicali del nostro secolo.

Comprendo l'impulso che spinge la gente ad accettare il nuovo nella musica contemporanea e non ho nulla contro questa musica per quanto io preferisca la musica che canta, la musica che rapisce l'anima. La Sonatina di Boulez, per quanto ultramoderna, rivela una emotività che non si può ignorare. Se Boulez me l'avesse presentata nella forma definitiva in cui fu pubblicata, avrei fatto più di uno sforzo per impararla. Suono alcuni pezzi di Andre Jolivet, che a suo tempo era stato considerato eccessivamente moderno e che strumentisti come Moyse avevano rifiutato perché li ritenevano troppo progrediti. Ma io li sentivo in modo diverso: udivo il loro canto interiore e io non suono musica che non senta nel mio cuore"[54].

Con questo ricordo Rampal tocca immediatamente uno dei lati più complessi legati alla Sonatine, ovvero la sua rigida struttura logica, la sua asprezza estetica avvinta come vedremo da quella che possiamo definire una meta-serialità, ovvero una serialità che travalica la mera sequenza delle dodici note per abbracciare i "vettori" della dinamica e del timbro facendone un tutt'uno, quasi una sorta di dodecafonia tridimensionale.

Si avverte certo nel ricordo di Rampal il grande rispetto legato alla figura di Boulez, probabilmente anche per il fatto che si sta ragionando con il senno del poi, ed in tale poi sono insiti tutti gli altri brani del grande compositore francese, unitamente con la sua folgorante carrie-

54 J. RAMPAL, *Musica e flauto, amori miei* a cura di Graziella De Florentis, Milano, Nuove Edizioni, 2002.

ra di direttore di orchestra; eppure non si può fare a mano di notare un certo sarcasmo verso la citata "mancanza di cantabilità, o "un elettrocardiogramma impazzito", un modo garbato per ribadire sostanzialmente i fatti, e cioè che il pezzo non gli piacque proprio, a tal punto che non lo suonò mai, neanche dopo il 1954, anno della stampa da parte della Amphion di Parigi.

Forse fu proprio questo piccolo "caso" flautistico, un caposcuola francese del calibro di Rampal che rimandava indietro un morceau de concours, ad incuriosire il nostro Gazzelloni, spingendolo come egli stesso racconta a studiare quella "diavoleria" ed eseguirla addirittura due volte (una come bis) nella premiere dell'estate 1956.

Nel '54 avevo persino eseguito una Sonatine di Boulez pour flûte et piano che tutti i miei colleghi dell'epoca, dico tutti, avevano rifiutato. Esecuzione impossibile, avevano detto. Boulez ha composto una cosa che non ha niente a che fare con la musica. Un unico tentativo fatto a Parigi per insistenza dell'autore fu un disastro. Chiesi a Boulez di mandarmi quella diavoleria, volevo provare anch'io. Quando ebbi lo spartito, se così si poteva chiamare, mi resi conto che l'impresa era veramente disperata. Ma tentai lo stesso. Studiai quelle note per sei mesi. [..] Alla fine dei sei mesi, nell'estate del '54, andai al solito appuntamento a Darmstadt dove, insieme a tutti, avrei ritrovato anche lui, Pierre Boulez. [..] Quando arrivò per il suo corso, gli feci la sorpresa. Nella saletta dei concerti, nel nostro eremo di Marie Neue, gli eseguii la sua famosa, impossibile Sonatine, tutta filata che pareva Mozart[55].

Colse molto bene tale aspetto di sana competizione proprio tra Rampal e Gazzelloni ed il *discrimen* che la musica di avanguardia poneva tra i due Leonardo Pinzauti quando scriveva su *La Nazione*

Rampal legò il flauto al gusto per la musica barocca, in grande espansione negli anni Cinquanta. Eseguì anche autori contemporanei; ma i suoi contemporanei si chiamavano Ibert, Poulenc, Jolivet, Martinon, Rivier, Francaix. Gazzelloni eseguì sì W. von Vogel, Federico Ghedini e Goffredo Petrassi, ma i suoi "contemporanei" si chiamarono Boulez, Berio, Maderna, Donatoni, Nono, Fukushima, Matsudaira, Luis de Pablo, Zimmermann[56].

Al di là dell'auto agiografia e delle evidente inesattezze cronologiche, Gazzelloni racconta l'episodio con orgoglio perché il clamore di tale evento fu notevole, e non solamente legato all'ambiente flautistico.

---

55 E. Granzotto, *Il Flauto d'oro*, op. cit. p. 91.
56 L. Pinzauti, *Finalmente la Musica al festival di Venezia*, La Nazione, 14 settembre 1965.

Dall'altra parte dell'oceano così commentava il grande virtuoso Leonardo De Lorenzo:

From Musical America of September 1956, we learned that at a concert in Darmstadt, Germany, the first world performance of a new Sonatine for Flute and Piano by Boulez, was performed by the Roman flutist Severino Gazzelloni of the platinum flute.
The Boulez title might well be ironie, for the Sonatina is the utmost technical difficulty and is a broad sonata design in four parts, to boot. The flute, has ecstatic and feverish melodie curves of fortissimo and pianissimo in the highest and lowest registers, with flutter-tongue passages and leaps of the ninth. The performance by the Roman flutist Severino Gazzelloni e David Tudor was dazzling, a sovereign achievement[57].

Gazzelloni fu molto legato a questo brano, che rappresentò in sostanza per lui e per David Tudor, il pianista che lo aveva affiancato nell'impresa, un vero e proprio trampolino di lancio, ed ancora in un concerto del 1970 svolto all'Accademia di S. Cecilia a Roma il Maestro lo riproponeva proprio come chiusura del suo recital.

Da notare anche una vera e propria "chicca", ovvero l'esecuzione della *Sonatine* in un concerto al Teatro Eliseo per la Accademia Filarmonica Romana il 30 aprile del 1959 con lo stesso Pierre Boulez al pianoforte![58]

57 L. De Lorenzo, *My Complete Story of the Flute*, New York Texas Tech University Press, 1951, p. 11.
58 Si noti l'articolato programma di sala originale quivi riportato (Archivio privato di Gian-Luca Petrucci).

3.1. La "*Gazzelloni-Musik*" in tre opere fondamentali:
Y su sangre ya viene cantando di Luigi Nono
Sequenza I di L. Berio
Il Concerto per flauto e orchestra di Goffredo Petrassi

Sarebbe estremamente dispersivo ed estraneo alle intenzioni di questo lavoro citare pedissequamente la lunga sfilza di composizioni accomunate dal termine *"Gazzelloni Musik"* senza analizzarle precisamente nella struttura e nei collegamenti storici, cosa che, va notato, ancora non è stata mai fatta anche in taluni studi di settore che ne vanterebbero altresì il primato.

Abbiamo focalizzato dunque la nostra attenzione su tre opere veramente miliari per il repertorio flautistico del secondo novecento, opere che sono espressamente dedicate a Severino Gazzelloni e delle quali il flautista curò la prima esecuzione assoluta.

Y su sangre ya viene cantando di Luigi Nono

"La giovane musica dispone oggi di due virtuosi d'una perfezione di prim'ordine, quali non sarà dato di avere tanto presto: il flautista Severino Gazzelloni ed il pianista David Tudor.
Anche le peggiori musiche nella loro esecuzione esercitano un fascino sonoro, dovuto unicamente all'alto livello tecnico della realizzazione.
Di conseguenza le partiture per flauto e pianoforte spuntano come funghi, pezzi in cui gli autori non si sono preoccupati d'inventare niente altro che più o meno ingegnosi metodi di notazione per stimolare all'improvvisazione il virtuoso Gazzelloni ed il virtuoso Tudor: essi sperano di accrescere prestigio a se stessi approfittando delle loro qualità tecniche"[59].

In questo giudizio Luigi Nono esplica la sua stima nei confronti del Maestro, stima che tocca anche quella polemica destinata ad accendersi di lì a pochi anni e ad allontanarlo dal circolo di Darmstadt in maniera definitiva proprio in dissenso con Cage e Stockhausen riguardo l'uso dell'Alea all'interno delle composizioni d'avanguardia.

Per questo è particolarmente interessante analizzare *Y su sangre* nell'ambito del percorso creativo del compositore veneziano che cristallizza proprio negli anni '50 alcuni cardini della sua estetica compositiva.

Nono aveva conosciuto Bruno Maderna a Roma a ventidue anni ed insieme avevano partecipato ad un corso di direzione di orchestra tenuto a Venezia nel 1948 da Hermann Scherchen.

---

59 L. NONO in AUTORI VARI, *Luigi Nono,* a cura di Enzo Restagno, Torino, EDT, 1987, pp. 243-244.

Il legame con Maderna e soprattutto con Scherchen sarà letteralmente a filo doppio, tanto che finito il corso il giovane compositore seguì il direttore berlinese anche a Zurigo e Rapallo, per approdare nel 1950 a Darmstadt, ove venne eseguita la sua prima composizione, le Variazioni canoniche per orchestra sulla serie dell'op. 41 di Arnold Schönberg.

Nel frattempo l'amicizia con la pianista e compositrice brasiliana Eunice Catunda lo aveva avvicinato alla poesia di Federico Garcia Lorca, brutalmente assassinato dieci anni prima in Spagna.

A questo straordinario poeta Nono tra il 1951 ed il 1953 dedicherà il cosiddetto Trittico lorchiano, che

resta il documento più grandioso e commovente di quella ispirazione musicale scaturita dai versi di F. Garcia Lorca che negli anni successivi si sarebbe trasformata in un'alluvione.
La fantasia creativa di Nono prende fuoco a contatto dei grandi temi della passione civile ma è anche capace di coltivare un delicato ed intimo lirismo[60].

Nel 1951 venne eseguito Epitaffio per Federico García Lorca n. 1: *España en el corazón* su testo di Lorca e Neruda, brano per soprano, baritono, coro recitante e strumenti, cui seguì appunto nel 1952 *Y su sangre ya viene cantando*, per flauto e piccola orchestra (archi e percussioni).

Originale è la citazione Lorchiana che appare sul manoscritto dello stesso Nono, citazione tratta dalla poesia *Las sangre derramada*, scritta in memoria del torero Ignacio Sanchez Mejia, amico del poeta e morto tragicamente in una corrida nell'agosto del 1934. Ecco le parole dello stesso Nono riguardo tale brano

Y su sangre ya viene cantando è stato scritto nel 1952 per Severino Gazzelloni. Il titolo proviene dal Lamento per Ignacio Sanchez Meijas, ma io mi sono qui riferito a Lorca stesso, vale a dire che Y su sangre è il sangue di Federico García Lorca che, anche se assassinato dai falangisti spagnoli all'inizio della guerra civile, non ha cessato di cantare. La struttura ritmica è costruita a partire da ritmi originali spagnoli. Come nella maggior parte dei miei lavori anche qui ho ripreso e permutato materiali preesistenti, un modo di operare che non ho più seguito dopo la Victoire de Guernica (su una poesia di Paul Eluard).
Questo è, dopo España en el corazón e prima di Romance de la guardia civil española il mio secondo Epitaffio per Federico García Lorca[61].

Nono traspose idealmente nei confronti dello stesso creatore il contenuto della sua poesia, enfatizzandone quel verso che è al centro della seguente strofa

60 E. Restagno alla voce *Nono,* in D.E.U.M.M., *Le biografie* Vol V, U.T.E.T Torino, 1985.
61 L. Nono, *Scritti e colloqui* a cura di Angela Ida De Benedictis e Veniero Rizzardi, Milano, Ricordi-Lim, 2001.

Pero ya duerme sin fin.
Ya los musgos y la hierba
abren con dedos seguros
la flor de su calavera.
Y su sangre ya viene cantando:
cantando por marismas y praderas,
resbalando por cuernos ateridos,
vacilando sin alma por la niebla,
tropezando con miles de pezuñas
como una larga, oscura, triste lengua,
para formar un charco de agonía
junto al Guadalquivir de las estrellas.

Il brano fu eseguito in prima assoluta al Musikstudium di Baden-Baden il 17 dicembre 1952 con la Südwestfunkorchestrer diretta da Hans Rosbaud, e ripetuto due anni dopo in prima italiana all'auditorium romano del foro italico con l'orchestra Scarlatti diretta da Hermann Scherchen.

Come si è evidenziato nel capitolo precedente, a Darmstadt curiosamente ne fu data solo l'esecuzione sotto forma di registrazione.

Nel frontespizio inoltre Nono cita un'altra poesia di Lorca dal titolo Memento, che poi ricompare ai margini della parte del flauto traverso.

Stilisticamente già nel terzo episodio in cui è diviso España en el corazón il compositore fonde in maniera a suggestiva il timbro del flauto con quello del soprano, a tal punto che in Casida de la Rosa *"flauto e voce si distribuiscono i compiti del canto: semanticità e fonicità"*[62].

Y su sangre di tutto il trittico è l'unico momento strumentale, poiché anche la terza parte è pensata per contralto recitante, coro a quattro parti e grande orchestra.

Tutto il brano è strutturato in un crescendo strutturale, giocato soprattutto da Nono con una rara capacità di costruttività ritmica:

le dinamiche con cui si presenta il flauto sono per le prime quaranta battute tutte ruotanti tra il pppp ed il p, levità accentuata da una serie di pizzicati leggerissimi nella parte degli archi, dell'arpa e nell'uso in risonanza leggerissima dei piatti sospesi.

Quest'aura di diafana leggerezza viene marcata con una mancanza costante di tesi ritmica, in quanto continuamente flauto ed orchestra si scambiano l'inciso tematico con cui si presenta il solista, inciso che manca del battere e talvolta aggiunge anche un andamento irregolare disomogeneo che permane come una sorta di pedale tematico senza gravitazione ritmica (misure 8 e 12).

62 M. BORTOLOTTO, *Fase seconda-studi sulla nuova musica*, Torino, Einaudi, 1969, p. 115.

Una sorta di melodia infinita, come lo stesso Bortolotto la definisce, ove Nono pone a suggello della stessa i primi tre versi di Memento che così recitano:

Cuando yo me muera,
enterradme con mi guitarra
bajo la arena.

Per trovare un riposo di tutta la struttura dovremo attendere la misura 184, ove per la prima volta la melodia si staglia chiaramente sul battere mentre l'orchestra è invece dilatata in rarefatto pedale costituito dagli armonici degli archi e dai suoni impercettibili del piatto, del vibrafono, della celesta e dell'arpa.

Benché il flauto dipani la sua melodia per oltre trenta misure, e delinei chiaramente un episodio di passaggio tra l'introduzione e la parte finale di *Y su sangre*, va notato come Nono continui ad utilizzare l'elemento della sospensione ritmica anche quando, per la prima volta, non interrompe il flauto, lo pone "in battere" in maniera chiarissima e gli affida questo lungo solo.

È uno dei lati caratteristici e forse più belli di tutto il brano: il solista non compare mai come una figura d'impatto o virtuosistica, ma si muove con delicatezza anche quando gli viene finalmente "concesso" un solo continuato.

Sono molteplici gli elementi che contribuiscono a sottolineare questa volontà di inserimento"dolce" del flauto, ad esempio con la citazione della parte orchestrale utilizzando gli armonici (ed è la prima volta dall'inizio del brano che il flauto li utilizza) alle misure 196-197 e 212-215 ed ancora, in chiusura, alle misure 217 e 218.

È una scrittura sapiente e dolcissima allo stesso tempo, una scrittura che compenetra l'incisivo strumento nel delicato e particolare tessuto orchestrale, una scrittura che chiaramente esalta la cantabilità del flauto, e proprio "vestita" ad hoc sulla particolare vena melodica e sonora di Gazzelloni, ed accompagnata testualmente dalla seconda strofa di Memento che recita:

Cuando yo me muera,
entre los naranjos
y la hierbabuena

Con un progressivo accelerando dalla misura 222, quando il metro ritmico passa in 6/8, si entra nella parte "spagnola", ove il tamburello introduce quell'andamento che accompagnerà il brano sino alla fine, e che consiste in un ritmo terzinato a semicrome alternato sulle varie suddivisioni dell'accento che dà un incredibile senso di incisiva varietà ritmica.

La particolarità di questo fandango andaluso è lo sviluppo canonico che ne fa il compositore veneziano, passando la figurazione dal tamburello al flauto all'orchestra intera, ed esasperando l'estensione del flauto nelle ultime misure sino al do sovracuto.

Le ultime battute, che consistono in un chiaro ostinato ritmico, possono essere considerate la summa di tutta questa terza sezione di *Y su sangre*, (battute 338-343) anche per un fatto curioso: un esecutore avvezzo ad una chiusura sostanzialmente "ad effetto" come è questa si aspetterebbe probabilmente un re finale di quarta ottava che amplificherebbe enormemente il carattere rapsodico e di esaltazione ritmica che queste ultime battute portano e che invece non è presente in quanto la firma non è altro che la naturale e coerente chiusura di un brano ove sostanzialmente il virtuosismo è un virtuosismo dolce, quasi unicamente melodico

Si tratta di un virtuosismo positivo che amplia sia le possibilità dell'interprete, sia il vocabolario del compositore[63].

Del resto fu lo stesso Steinecke a Darmstadt a commentare

Come il concertino di flauto lentamente si sciolga dal silenzio al suono, come accolga in sé sempre più di melodia, come le crescenti tensioni della prima parte si sciolgano nella seconda in danzanti ritmi di tarantella, è qualcosa che persuade attraverso la purezza della idea musicale e attraverso una ricchezza di fantasia artistica, quale è concessa soltanto a pochi artisti raramente dotati[64].

Luciano Berio: Sequenza I *per flauto solo (1958)*

Ho composto questo pezzo su misura, per Severino Gazzelloni, come un sarto fa un vestito per una bella donna, e bisogna dire che scrivere per Gazzelloni è ben stimolante[65].

Sequenza I è probabilmente il brano più importante e famoso di tutta la cosiddetta Gazzelloni Musik e a differenza sia della *Sonatine* di Boulez che di *Y su sangre* o del *Concerto* di Petrassi è entrato pienamente anche nei moduli odierni di insegnamento e forse soffre oggi addirittura di un problema contrario rispetto a questi altri pezzi, ovvero di una abusata estensività esecutiva a discapito dell'approfondimento di quella che sempre permane una delle partiture più ardue della letteratura flautistica.

---

63 R. Cresti, da *Il suono nascente*, nel volume *Il pensiero del suono, scritti su Luigi Nono*, Rugginenti, Milano 2002.
64 Note di copertina del disco *La nuova musica*, Rca.
65 L. Berio in A. Mooser, *Visage de la musique contemporaine 1957-1961*, Julliard, Paris 1962, p. 103.

Giova sottolineare come tale considerazione, oltre che derivante da una personale esperienza concertistica, viene ravvisata generalmente anche in una sorta di ambiguità della *Sequenza I*, che difficilmente può essere ristretta ad una catalogazione o schematizzazione anche solo formale, e, per questa sua particolarissima peculiarità rimanda immediatamente non a caso all'altro grande capolavoro emotivamente senza quiete che è la superba *Partita in la minore* per flauto solo di Bach bwv 1013.

Se però il Maestro di Eisenach rende tale atmosfera mediante una strutturazione ritmica acefala ed una serie di modulazioni interne impressionanti, la "scommessa" di Berio viene giocata sul piano della tridimensionalità resa con campi esecutivi continuamente cangianti ed assolutamente irriducibile ad una vera e propria struttura analizzabile secondo la classica ottica "bidimensionale" dei temi variati e delle strutture ABA.

Non concorderemo affatto dunque con la pur eccezionale analisi del biblico Mellot[66], proprio in quanto tutta tesa a ritrovare all'interno di tale mutevole labirinto una strutturazione tematica e formale che, sostanzialmente, a nostro avviso non esiste.

Qui siamo di fronte veramente ad un'opera rivoluzionaria, che come poche altre inciderà su tutti gli altri compositori, Darmstadtiani e non, che dopo il 1958 si avvicineranno al flauto.

Innanzi tutto valgano le classiche citazioni degli apax legomena, che consistono nei due multifonici Do-Sol e Lab-Reb che hanno letteralmente messo in crisi generazioni di flautisti, come l'effetto del suono che svanisce lasciando spazio al trillo eseguito solo con il rumore delle chiavi, o la maniacale attenzione e relativa notazione del compositore ai vari tipi di attacco della nota (Berio ne chiede ben 5 diversi).

Ma la chiave estetica di lettura non è flautistica, e non va ricercata nel sostrato fenomenico dello strumento.

Secondo Luciano Berio il linguaggio musicale non è chiuso in se stesso, ma può essere inteso come intreccio di codici diversi, un vero e proprio, come da lui definito, codice dei codici o Testo dei Testi, in quanto "la partitura musicale è uno strumento di conoscenza specialistico ma non linguistico, nel quale convergono una esorbitante quantità di esperienze percettive e di scelte espressive e intellettuali" (da un Colloquio all'Università di Friburgo, 1993), che va messo in relazione con lo strumento musicale per il quale si lavora, rendendolo "consapevole contenitore dello strumento[67].

La *Sequenza I* apre una ricerca destinata ad arrivare attraverso un totale di altre 11 "sorelle" sino al recente 1995, toccando gli strumenti più disparati (II per arpa, III per voce, IV per pianoforte, V per trombone, VI per Viola, VII per Oboe, VIII per Violino, IX per clarinetto, X per tromba e risonanze di pianoforte, XI per chitarra ed infine la XII per fagot-

---

66 G. MELLOT, *A Survey of contemporary flute solo literature with analyses of rapresentative compositions*, Michigan, op. cit., p. 272.
67 G. FAGNOCCHI, *Lineamenti di storia della letteratura flautistica*, op. cit., p. 291.

to), di cui intendono esplorare tutte le possibilità, anche le più disparate, in una visione che si pone sin dall'inizio come apertamente virtuosistica.

Ma per comprendere appieno cosa intenda Berio in questa sua ricerca di quarant'anni relativamente al virtuosismo, occorre chiarire da subito una prospettiva che riguarda al contempo lo strumentista e lo strumento stesso.

Gazzelloni fu praticamente l'esecutore perfetto per l'inizio di tale cammino in quanto pur eccezionale nel suonare il flauto come abbiamo già ampiamente sottolineato non era un interprete "specializzato".

Fu il lato dell'intelligenza, e non solo musicale in senso stretto, ad attrarre Berio verso il flautista romano, poiché, come vedremo, essa sarà conditio sine qua non per dipanare l'ardua matassa di *Sequenza I*.

Il virtuosismo nasce spesso da un conflitto, da una tensione tra l'idea musicale e lo strumento, fra il materiale e la materia musicale. [...] Il virtuoso di oggi, degno di tale nome, è un musicista capace di muoversi in un'ampia prospettiva storica e di risolvere le tensioni tra la creatività di ieri e di oggi[68].

Ed ancora

i migliori solisti del nostro tempo — moderni nell'intelligenza, nella sensibilità e nella tecnica — sono quelli capaci di muoversi in un'ampia prospettiva storica e di adoperare i loro strumenti come mezzi di ricerca e di espressione senza degradarli a strumenti di piacere. Il loro virtuosismo non si esaurisce nell'abilità manuale e in una delle tante confortevoli e sonnolente specializzazioni filologiche. Sia pure a diversi livelli di consapevolezza, essi possono impegnarsi nell'unico virtuosismo oggi accettabile: quello della sensibilità e dell'intelligenza. A loro è consentito di contribuire alla musica e non 'servirla' con falsa umiltà. Scrivere per un virtuoso di oggi, degno di tale nome, può anche valere, dunque, come celebrazione di una particolare intesa tra compositore e interprete e come testimonianza di una situazione umana[69].

Il virtuosismo dell'intelligenza dunque, perché sin dal primigenio processo della riproduzione esecutiva, ovvero dalla pedissequa lettura, Luciano Berio pone il primo, grande problema.

Ecco come lo stesso compositore fornisce una sorta di legenda per la nuova semantica della sua *Sequenza I*[70].

---

68 L. BERIO, *Intervista sulla musica,* a cura di R. Dalmonte, Bari, Laterza 1981, pp. 97-8.
69 L. BERIO, *Introduzione a Sequenza III per voce*, in Ivanka Stoïanova, *Chemins en la Musique,* La Revue Musicale, Paris 1985, p. 392.
70 L. BERIO, Sequenza I, edizione Suvini-Zerboni.

Il tempo di esecuzione e i rapporti di durata vengono suggeriti:

dal riferimento ad una costante quantità di spazio che corrisponde ad una costante pulsazione di metronomo;

dalla distribuzione delle note in rapporto a quella quantità costante di spazio: [musical notation: 70 MM. a] e perciò eguale a circa 0,80".

Le note ♩ devono essere eseguite sciolte: la loro durata effettiva è suggerita dal modo d'attacco.

La durata delle note ♩ ♩♩ si intende prolungata sino alla nota successiva.

Il valore di ⊓ è ad libitum. Le note piccole, di preferenza, devono essere eseguite il più rapidamente possibile. I rapporti di distribuzione indicati per ⊓ e per le note piccole valgono solo come suggerimento.

♯ e ♭ valgono per una sola nota.

Ecco allora le motivazioni che spinsero un giovane Umberto Eco ed analizzare ampiamente quest'opera che pure esulerebbe dai normali campi di ricerca della semiologia citandola proprio come esempio di *opera aperta*[71].

Eppure questa "apertura" semantica non concede poi più di tanto all'esecutore, poiché ci si accorge ben presto che tutto è maniacalmente scritto, come più volte lo stesso Berio, talvolta anche lamentandosi della arbitrarietà di talune esecuzioni, ha scritto

Il pezzo è molto difficile, per questo avevo adottato una notazione molto determinata ma con alcuni margini di flessibilità cosicché l'esecutore potesse avere la libertà — psicologica piuttosto che musicale — di adattare qui e là il pezzo alla sua statura tecnica. Invece, proprio questa notazione ha permesso a molti esecutori — la più luminosa virtù dei quali non era certo l'integrità professionale — di perpetrare adattamenti perlomeno abusivi[72]

ed ancora, in proposito, la celebre lettera scritta al flautista svizzero Aurèle Nicolet che gli aveva inviato in anteprima la sua incisione nel 1966

Questo brano è già stato registrato diverse volte ma, sfortunatamente, sempre in modo piuttosto impreciso. (...) Nella tua registrazione c'è un malinteso che riguarda le pro-

---

71 U. Eco, *Opera aperta. Forma e indeterminazione nelle poetiche contemporanee*, Bompiani, 1962.
72 L. Berio, *Intervista sulla musica*, a cura di Rossana Dalmonte, Laterza, Roma-Bari, 1981, p. 108.

porzioni fra i tempi e la velocità. Non è questione di tempo più o meno rapido: una volta che si è scelto il tempo, le proporzioni di durata delle note devono essere comunque rispettate. (...) E vero che queste (le proporzioni) saranno sempre approssimative. Ma ho scelto questa notazione proporzionale solo per permettere una certa adattabilità, da parte dell'interprete, nei passaggi estremamente densi e rapidi. Ogni flautista può dunque scegliere la sua velocità — entro certi limiti — a patto che mantenga le proporzioni indicate.

E proprio in questa lettera Berio tocca uno dei lati fondamentali nell'analisi di *Sequenza I*, ovvero la necessità di considerare come strutturali dei lati che normalmente non lo sono, come quello della esatta, quasi utopisticamente cronometrica corrispondenza tra la scrittura grafica e le citate proporzioni esecutivamente riscontrabili.

Il progetto di Berio non è quello dunque di sperimentale nuove tecniche o snaturanti accorgimenti organologici, ma di studiare a fondo il flauto ed il suo linguaggio naturale spingendolo alle estreme conseguenze senza violenze idiomatiche in una sorta di rispetto verso la tradizione dello strumento stesso

non ho mai cercato di cambiare la natura dello strumento e non ho mai cercato di usarlo 'contro' la sua stessa natura[73].

Insiste molto su questo lato anche Philippe Albèra, uno dei pochi musicologi che ha dedicato uno studio accurato proprio alle Sequenze di Berio[74].

II rispetto per lo strumento, per la sua storia, è chiaramente affermato dal fatto che Berio non ha mai cercato di cambiare gli strumenti in un modo o nell'altro (come ha fatto Cage, ad esempio, con il pianoforte preparato). Le nuove tecniche di esecuzione appaiono come un prolungamento della tecnica tradizionale, come un'estensione e non come una modificazione. L'aspetto sperimentale delle Sequenze (a livello della tecnica esecutiva o della composizione) non implica mai da parte di Berio una "liquidazione" della storia; al contrario, essa si integra con l'immagine dello strumento che è venuta forgiandosi nei repertori "colto" e "popolare", e con alcuni riferimenti compositivi impliciti. Conseguentemente, ogni Sequenza rappresenta un confronto con la storia, attraverso la mediazione dello strumento, e al tempo stesso instaura con essa un approccio ri-creativo.

Ma che cosa è per Berio una sequenza, e quali gli elementi utilizza per creare un flusso continuo di quelle che lui stesso chiama densità?

Lo stesso Berio fornisce delle delucidazioni sul progetto delle Sequenze: il titolo trae origine, innanzitutto, dalla costruzione dei brani, edificati su delle successioni di campi armonici. Non c'è un vero riferimento all'antica accezione del termine sequenza né, soprattutto, una concezione formale precostituita, che non compare mai in Berio[75].

---

73 Ibidem, p. 99.
74 P. ALBÈRA, *Introduction aux neuf sequenzas,* in italiano AA VV, *Berio,* a cura di E. Restagno, EDT 1995.
75 Ibid.

Chiarito questo primo elemento, per poter finalmente procedere ad un tentativo di analisi della partitura occorre sottolinearne un secondo, ancor più pregnante in quanto costituito proprio dalla tecnica di scrittura nei suoi stilemi essenziali:

Berio non costruisce mai un unico strato di eventi. La polifonia è, nelle Sequenze una cura costante. Essa può apparire sotto forme diverse: come polifonia reale (scrittura a più voci), come polifonia virtuale (attraverso il gioco delle ripetizioni a distanza in un contesto monodico, il ritorno periodico su altezze fisse, la somiglianza di strutture distribuite sulla totalità della forma) e, infine, come polifonia di eventi (quando più strati di eventi musicali sono sovrapposti: ad esempio, una successione di ''altezze e una successione di intensità autonome, oppure, le indicazioni espressive, l'elaborazione del testo). La polifonia non presuppone quindi necessariamente un materiale omogeneo (le note) ma impone di prestare attenzione all'opera di dissociazione di una totalità sonora e di ricomposizione della stessa secondo un diverso ordine. È in questo modo che Berio può integrare i comportamenti, i gesti, i riferimenti, le idee poetiche ecc, al tessuto della composizione, dato che ogni elemento è stato trasformato in quanto unità musicale senza tuttavia perdere la sua dimensione concreta''[76].

Veniamo dunque alle prime misure del flauto. Immediatamente notiamo che esso presenta, anche se in maniera non ortodossa, una precisa serie di dodici suoni che sono intercalati da una serie di gradi ripetuti prima della conclusione dell'intera serie.

Una tecnica che già ampiamente abbiamo analizzato nella sapiente scrittura bouleziana, e che ci spinge immediatamente ad osservare tutti gli altri elementi allargando il campo analitico ben oltre le note.

Se disposta su una stessa ottava la serie di Berio può essere suddivisa in due parti, delle quali la prima cromatica (la-sol#-sol-fa#-fa-mi) e la seconda diatonica (do#-re#-re-do-la#-si), congiunte da un intervallo (Mi-do#) che è la somma proprio di un tono e di un semitono.

Tale serie comparirà però nel brano solo però altre due volte, (pag. 2 rigo 9-10 e pag. 5 rigo 4-5) con una sorta di mutazione proprio nel lato della congiunzione tra le due parti costitutive, in quando risulteranno invertiti tra loro il do# con il re#.

Berio, però, non mantiene delle entità stabili, che presenterebbero sempre le medesime caratteristiche. Ogni evento è già di per sé un organismo complesso, i cui elementi possono essere dissociati, sviluppati, combinati in modi diversi[77].

Questo è particolarmente riscontrabile se riferito allo sviluppo del flusso musicale che subito si inizia a svolgere dopo una prima pagina di esposizione relativamente "tranquilla": nella seconda pagina assistiamo infatti proprio ad una di quelle zone in cui convergono tutta una serie di fattori che creano una sorta di gravitazione di densità, resa nel VII,

---

76 Ibid.
77 Ibid.

VIII e IX rigo della II pagina: notiamo la massima densità temporale su un Re3 unita alla massima dinamica ff, e il massimo intervallo dall'inizio del brano (Do#3-Mib1).

Immediatamente dopo segue il rilassamento della corona applicata al La1; proprio in questo punto vi è l'inversione della congiunzione delle due parti che compongono la serie scelta da Berio.

È proprio questo sviluppo velocissimo di note ribattute a portarci nella terza pagina della composizione, il cui terzo rigo, estremamente rarefatto, prelude immediatamente ad una nuova zona di tensione dei materiali precedenti, che sono ampliati nei salti, nelle dinamiche e nel timbro.

Se infatti paragoniamo il quarto e quinto rigo di questa nuova pagina con quelli or ora analizzati, notiamo come siano di gran lunga ampliati tutti i parametri citati.

La massima densità temporale è ora applicata ad un Si3, parallelamente ad un repentineo sbilanciamento tra pp e sfz, con una conclusione in armonico che tocca il lato timbrico ed una chiusura con un intervallo che va dal Si3 al Fa2.

La caratteristica della continuazione di questo discorso sarà dunque non quella di ampliare le densità timbriche o intervallari od ancora dinamiche, ma di tentare ciò che sin dall'inizio avevamo definito come la "terza dimensione" musicale del flauto, ovvero ciò che mai e poi mai ci si potrebbe aspettare dal più monodico degli strumenti: la polifonia.

Sin dalla seconda riga della IV pagina infatti entra in scena un nuovo effetto curioso, che consiste nell'accoppiamento di un tremolo con una singola nota pizzicata per due volte superiore rispetto al tremolo stesso ed una inferiore.

È un espediente che la letteratura flautistica conosce benissimo, specie nelle arie variate del 1800, e che qui assume veramente la valenza dell'inserimento di un elemento tipico dell'idioma flautistico in un contesto che non vi esaurisce però neanche per un attimo la ricerca.

Essa tenta allora subito la via dei frullati, che destabilizzano tutto il cammino della fine della pagina, una sorta di tremolo così continuato da dissezionare la struttura stessa di ogni singola nota quasi a livello molecolare, ed in tutta l'estensione del flauto sino a sciogliere, al solito, tutta la tensione accumulata con un espediente che è entrato a buon diritto nella storia della scrittura flautistica: un trillo che svanisce lentamente (sparire) aumentando proporzionalmente il rumore delle chiavi (ciocco di chiavi). Dopo l'effetto quasi magico, giustamente la richiesta strumentalmente che segue è quasi utopistica: rientrare con un Fa#2 nella dinamica di ppppp(!).

Indubbiamente uno dei punti più riusciti dell'intera Sequenza.

E finalmente siamo arrivati: Berio svela le carte e chiede all'esecutore l'impossibile: i già citati e famosi bicordi, primo esempio in tutta la lette-

ratura flautistica, quando ancora non era uscito il libro di Bruno Bartolozzi[78] che ne teorizzava la possibilità di emissione e soprattutto ne clas-
sificava conseguentemente le annesse posizioni tecniche.

I frullati saranno quasi sempre usati come estensione massima di articolazioni rapidis-
sime, i rumori di chiavi saranno usati come estensione massima di un progressivo cammino verso il rumore (registro estremo grave, massima velocità, massima tensione in-
tervallare e frullato) (...) mentre le doppie note, invece (quei sol-do e lab-reb famigerati
che hanno dato il via alla gazzarra dei 'multifonici' che sembra si stia finalmente acquie-
tando), assolvono una funzione più simbolica che concreta: sono un po' il segnale della
mia disperata ricerca di polifonia con lo strumento più monodico della storia[79].

Da notare come si vede nell'esempio che immediatamente dopo questo passaggio di massima densità polifonica pone, al solito, un momento
di detensionamento con un lungo Sib1 coronato.

Si avverte chiaramente che tutto volge il brano al termine, ed è interessante notare come lo sviluppo naturale della "conquista" polifonica appena ottenuta sia da ritrovarsi paradossalmente proprio nel silenzio, un silenzio sospeso accentuato anche dall'unico "rallentato" di tutta la Sequenza,
in quanto Berio specifica solo per questa porzione il metronomo a 60.

È un solo secondo, ma è una secondo che risuona forse più di tutta la
partitura nel suo insieme, ed è un secondo di assoluta quiete cui si arriva dopo una lunga e leggera serie di tremoli giocati su tenui dinamiche.

Gli stessi tremoli ci avevano portato ai bicordi, e possiamo dunque delineare una sorta di equazione sorprendente se analizziamo il cammino che
va dall'ultima riga della quarta pagina sino alla quinta di quella successiva.

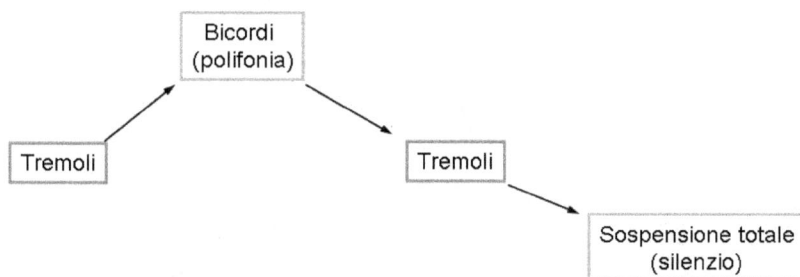

Dopo un'ultima serie di leggeri tremoli frullati e noticine ribattute,
l'intera Sequenza trova pace su un lunghissimo Do#1 (la nota più lunga
dell'intera composizione, e come non rimembrare il mitico Reb finale di
Syrinx?) concluso da una sorta di piccolo sbuffo leggerissimo affidato ad
un piccolo Do2 puntato e nella dinamica del pppp.

---

78 B. BARTOLOZZI, *Nuovi suoni per i legni*, Suvini-Zerboni, Milano, 1984.
79 L. BERIO, *Intervista sulla musica*, op. cit., p. 108.

Le parole migliori per concludere proprio siffatta analisi, specialmente in relazione a Gazzelloni che non solo ne fu primo interprete ed ambasciatore nel mondo, ma ancora ad oggi ne risulta essere stato uno degli esecutori più freschi e lucidi sono quelle dello stesso Philippe Albèra:

La dialettica compositiva si instaura tra continuità e discontinuità, fra trame ristrette e allargate, tra cromatismo e scala per toni interi, tra i differenti modi di articolazione, ma anche tra ciò che viene registrato dalla memoria e la coerenza profonda che a essa sfugge: è su questa dialettica che si fonda la teatralità della esecuzione, questa specie di dialogo all'interno stesso del brano che appare come la proiezione del rapporto tra il musicista e il suo strumento, tra l'immagine convenzionale dello strumento e l'originalità dell'opera di Berio[80].

Goffredo Petrassi: Concerto per flauto e orchestra *(1960)*

Petrassi è un altro dei grandi compositori che ha scritto per me musiche bellissime. La prima nel 1960, quando ancora non era finita la bagarre tra i pro e contro l'avanguardia. Ci eravamo incontrati per caso a Roma, sul Corso. Era primavera, una bellissima giornata. Non so se l'idea gli venne lì per lì o se davvero ci aveva già pensato.
Fatto è che, mettendomi una mano sul braccio per trattenermi, mi comunicò che gli avevano chiesto un pezzo dalla Radio di Amburgo e che lui aveva deciso di scrivere un concerto per me[81].

Così ricorda il Maestro la genesi di uno dei brani più interessanti del repertorio per flauto ed orchestra del secondo novecento, concerto che tra l'altro ha avuto recentemente una ripresa nei circuiti discografici e concertistici.

Severino Gazzelloni e Goffredo Petrassi[82]

È un brano chiaramente di impronta virtuosistica, nettamente diverso rispetto a *Y su sangre* di Nono, che mette a dura prova il solista e l'orchestra intera, per cui giova citare il ricordo che lo stesso Petrassi aveva della prima esecuzione che si tenne il sette marzo 1961 con l'Orchestra del Norddeutscher Rundfunk Hamburg diretta da Hans Schmidt Isserstedt:

---

80 P. Albèra, *Introduction aux neuf sequenzas,* op. cit.
81 E. Granzotto, *Il Flauto d'oro,* op. cit., p. 90.
82 Archivio privato di Gian-Luca Petrucci.

Ascoltai il concerto per la prima volta e non ebbi nulla da ridire perché lui aveva interpretato alla lettera il mio messaggio musicale, con il suo estro affascinante ed accattivante. Non dovetti rimarcare nessun minimo difetto di esecuzione: rimasi soddisfattissimo, ed esterrefatto allo stesso tempo, dell'esecuzione di Severino. Aveva suonato esattamente quello che avevo scritto, aveva detto esattamente quello che pensavo. Ecco, questa mi sembra una delle prove dell'eccezionalità dell'artista[83].

Il concerto appartiene ad un periodo importantissimo e maturo del compositore che secondo Massimo Mila

a partire dal Terzo Concerto per orchestra (1953) configura la sua grande musica come una danza mobilissima di segnali sonori (...) e la sua fantasia strumentale si potrebbe più compendiare nella definizione di neoclassicismo, e d'altra parte, se ha avvicinato il compositore alle esigenze di rinnovamento del linguaggio tonale attraverso l'allargamento dello spazio sonoro nella totalità della gamma cromatica e (con molta libertà ed estro) nell'organizzazione seriale, tuttavia non permette di ascriverlo alla dodecafonia di stretta osservanza, e ancor meno alle tendenze espressionistiche.
La fantasia strumentale di Petrassi non si esaurisce nella dimensione timbrica, come pareva che avvenisse nelle partiture teatrali, ma sostanzia l'invenzione di vocaboli, anzi di concrete figure musicali; figure, non temi, fondate su intervalli, su spunti ritmici e magari melodici, e ovviamente anche sul colore timbrico, che agiscono come veri e propri personaggi[84].

La prima cosa che colpisce di questa partitura sono gli strumenti utilizzati nell'orchestra, che così è composta: Flauto solista, 2 clarinetti, 2 fagotti, 4 corni, 3 trombe, 3 tromboni, chitarra, arpa, 6 violoncelli a parti reali, 3 contrabbassi a parti reali, tutte le percussioni ad intonazione indefinita (triangolo, Wood block, Temple block grande e piccolo, piatto sospeso grande e piccolo, 2 piatti, tam tam grande e piccolo, cassa chiara, rullante, gran cassa).

È una tipica caratteristica di Petrassi accostare timbri estremamente diversi che già il compositore aveva sperimentato proprio con il flauto nella *Serenata* scritta due anni prima per flauto, viola, contrabbasso clavicembalo e percussione.

Qui la scelta degli strumenti preannuncia sostanzialmente la chiave estetica portante di tutto il lavoro, basato nei sedici minuti di svolgimento dell'unico movimento di cui è composto sulla dialettica contrapposizione tra solista e l'orchestra.

Particolarmente accentuata nel corso dell'intera composizione sarà in particolare la discrepanza stilistica tra il flauto e gli archi, timbrica tra il flauto e le ance utilizzate tra le quali spicca la mancanza dell'acuto e tagliente oboe, mentre sin dall'inizio l'arpa e la chitarra svolgeranno un ruolo quasi di "concertino" con lo strumento solista, che trova tutta la

---

83 Autori vari *Petrassi*, a cura di Enzo Restagno - Torino : EDT/Musica, 1986, p. 184.
84 M. Mila alla voce *Petrassi*, in D.E.U.M.M., *Le biografie* Vol V, U.T.E.T., Torino, 1985.

sua dimensione nella cadenza finale lasciata appunto solo al solista e a questi due strumenti.

Petrassi rispetta completamente la scrittura "classica" del flauto, e non utilizza effetti particolari o multifonici che esulino particolarmente dalla normale sintassi esecutiva dello strumento, se pur esasperato in più occasioni nel linguaggio di estensioni estreme e di guizzanti velocità.

La caratteristica che colpisce sin dalle prime misure è infatti proprio questa: il flauto è il solista virtuoso, che è posto sempre e costantemente in preminenza rispetto all'orchestra e addirittura risulterà dialogare come già sottolineato sempre e solo con i fiati della stessa.

Dopo una introduzione lenta e cupa affidata nelle prime sette misure ad un tappeto di armonici eseguito dagli archi sul quale danzano senza filtrare particolarmente un ostinato grave della chitarra e dell'arpa sono introdotti a misura sette otto e nove rispettivamente trombone fagotto e clarinetto, che creano uno stilema in levare introduttivo al solista che più volte riscontreremo nel corso del concerto.

Dopo questa nota (fa# terza ottava) già di per se di difficile emissione per il clarinetto anche perché nella dinamica di un ppp ed un ulteriore citazione della chitarra e dell'arpa entra finalmente il flauto che cadenza dalle misure 14 sino alla 35.

E sono molteplici gli elementi da notare in questa che, in fondo, è la presentazione di un vero e proprio personaggio.

Per prima cosa l'assenza di dialogo tra il flauto e gli archi, che mantengono un pedale di armonici su cui il solista espleterà l'intera articolatissima introduzione.

Poi, da subito, il ritmo: se è vero che Petrassi non accetta assolutamente soluzioni vicine all'alea, non possiamo fare a meno di notare quanto ostica sia la notazione del solista, difficilmente razionalizzabile oggettivamente in molte delle figurazioni, sin dalle prime due misure, ed in continui cambi metrici (di fatto quasi ogni misura), quasi una sorta di sprone ad una certa intelligenza e scelta personale nel dipanare le capziosità ritmiche insite nella parte.

Terzo elemento i balzi verso gli estremi della tastiera dello strumento, che vede toccate tutte le note di possibile esecuzione già solo in queste prime misure. In realtà questa attenzione verso una espressività del flauto legata appunto al balzo, al guizzare veloce e quasi magicamente politmico pur nella sua inevitabile monodia, è per il compositore ancor più importante della presentazione del materiale seriale, che non viene esaurito ne in maniera completa ne secondo le regole classiche della serialità ortodossa: infatti prima della chiusura completa dei dodici suoni nella parte del flauto ascolteremo diverse ripetizioni di gradi, come il sol (tre volte!) od il Si naturale od ancora lo stesso si bemolle.

Quarto ed ultimo elemento è infine quello delle dinamiche e dei segni di stile che sono quasi scritti "ad notam".

Siamo dunque in presenza di una semantica estremamente ricca e complessa, praticamente da tradurre attentamente misura per misura, che ben presto verrà applicata a tutto l'apparato orchestrale, solo dopo però che il flauto ha terminato e ben presentato il suo personaggio.

Dalla misura 35 infatti si dimostra ciò che già si era intuito da questo incipit, e cioè che Petrassi destina nel suo concerto al più veloce dei legni un carattere bizzoso, quasi di vanitoso capriccio, che risulta difficilmente conciliabile soprattutto con la sezione degli archi, lenti e scuri nel timbro.

E così sarà sino alla fine, poiché quando più avanti l'orchestra deflagrerà il flauto tace, e viceversa.

Il primo punto infatti in cui gli archi risultano effettivamente tentare l'elemento tematico presentato dal clarinetto a misura nove appare timidamente e in un mp solo a misura 48 e 49, ed è repentinamente affidato all'arpa già nelle battute successive.

La misura 57 mostra chiaramente la diatriba stilistica tra flauto ed orchestra, che tenta di rispondere velocemente alle biscrome lasciate dal solista in un movimento caotico e difficilmente sincronizzabile affidato ai due clarinetti ed al fagotto in una serie di veloci quartine per lo più in levare. Ma tale levata di testa subito scompare quando il solista ritorna sul levare di misura 60 e ritrova, immediatamente, dei pedali di semibreve da parte degli stessi strumenti che poco prima erano ai limiti della loro possibilità esecutiva.

Dopo un lungo sol di terza ottava tenuto dal flauto che vede aumentare le dinamiche gradatamente dal mp al fff inizia la seconda cadenza del solista che si dipanerà per undici misure a partire dalla 65.

Il carattere di questo secondo intervento ce lo indica lo stesso Petrassi con un Furioso che apre una serie di virtuosistiche volatine e di arabeschi che per la prima volta sono tutti compresi interamente nella dinamica del ff.

Anche il metro ritmico non è indicato, poiché il flauto si muove di fatto liberamente sul solito pedale che differisce solo da quello precedente dell'introduzione perché i violoncelli ed i contrabbassi tengono una nota reale e non più gli armonici.

Il cambio di dinamiche nota per nota proprio della sezione precedente ricompare sulla dicitura *calmo*, applicato al do grave dello strumento.

È uno stilema che Petrassi ha già utilizzato nella citata Serenata del 1958, praticamente identico, e che troverà una innegabile citazione anche nel I dei *Tre pezzi* di Andras Szöllösy del 1964.

La ripresa dell'orchestra sarà caratterizzata dalla misura 75 (fine della cadenza del flauto) alla 112 da un magmatico intervento di tutte le sezioni con una particolare incisività in quella delle percussioni, sino al richiamo del clarinetto, sempre con una difficile nota in levare nella dinamica del pp che, come già visto, ci preannuncia il ritorno del flauto solista.

La particolarità di questa citazione è però insita nel fatto che sette misure prima di tale evento sonoro assistiamo ad una sorta di "gioco" tra il primo e secondo clarinetto, che, disceso al registro grave alterna con il compagno d'orchestra una sorta di contrappunto dinamico, ancora una volta ripreso dalle misure 28, 29 e 68 del flauto.

Questa nuova sezione è caratterizzata da un elemento che ci porterà automaticamente alla terza ed ultima cadenza, tutta incentrata sul flauto, la chitarra e l'arpa.

Ciò che notiamo infatti è che questi ultimi per la prima volta in maniera molto delineata contrappuntano a partire dalle misura 113 il solista in un dialogo molto serrato che procede sino a misura 165 e che vede estendersi il discorso imitativo anche ai corni (misura 150) che riprendono le terzine di semicroma del flauto ed infine, con la stessa figurazione, violoncelli clarinetti e fagotti.

È sicuramente all'interno dell'intero concerto il punto di maggiore dialetticità tra il solista e l'intera orchestra, con uno scambio continuo di incisi ritmico-melodici, addirittura anche tra il rullante (!) ed il solista stesso.

Proprio dalla misura 185 che segna la pausa di quest'ultimo in vista della ultima cadenza finale si sviluppa una vera e propria sezione magmatica che vede tutta l'orchestra scatenarsi proprio sul ritmo puntato lasciato dal citato dialogo tra flauto e rullante, inframmezzando attraverso una seria di articolate citazioni praticamente tutti gli elementi ritmici comparsi nel concerto fino ad ora.

Il flauto si riappropria della sua funzione solistica nell'ultima grande cadenza che va dalle misure 251 alla 265, ove un solo elemento di novità compare rispetto alle due precedenti, ed è costituito da una risposta in levare da parte della chitarra al termine di ogni frase del flauto: questo accorgimento era già stato utilizzato proprio nelle misura intorno alla 125, ove avevamo sottolineato per la prima volta un "dialogo" tra il flauto con l'arpa e la chitarra, ma ora quello che di fatto era stato un elemento occasionale viene confermato a guisa di cesura ritmica conclusiva, e iniziamo a capire che questo tipo di scelta ci accompagnerà sino alle ultime battute del concerto.

Su un pedale sovracuto di do#4 del flauto l'orchestra letteralmente deflagra in un'orgiastica serie di quintine di semicrome costruite su un veloce melisma cromatico (mis. 265), accentuando dunque sempre di più la caratteristica che domina le misure finali del concerto: una esasperata ricerca di virtuosità che si manifesta soprattutto dal punto di vista ritmico e che sembra pervadere l'orchestra tutta: i gorgheggi e gli arabe-schi del flauto paiono quasi impazziti mentre gli incastri delle voci in-terne sono di utopistica sincronizzazione per la presenza al contempo di una velocizzazione agogica (misura 274 semicroma a 140, metro in quat-tro) e di ardui gruppi ritmici irregolari.

L'apoteosi di tutta questa costruzione è intorno alla misura 300, quan-do una esasperata sequenza di ribattuti al Si3 del flauto tacciono il tessu-to orchestrale quasi riportandolo all'ordine nei ranghi consueti.

Alla misura 355 il brano si avvia definitivamente alla chiusura, sa-pientemente dosata come si vedrà con una sorta di colpo di scena al contrario; Petrassi specifica che in questo moderno "concertino" Flauto, chitarra ed arpa eseguiranno liberamente la breve cadenza "indipenden-temente dal resto dell'orchestra".

E così assistiamo proprio al consolidamento di quel lemma tecnico che avevamo sottolineato in precedenza, e che ora il compositore applica per tre volte con raddoppio al sincrono tra chitarra ed arpa che rispon-dono ad ogni volatina del flauto mentre gli archi mantengono il consue-to pedale di armonici e le percussioni accennano appena lievi interventi dei piatti sospesi (tra il p ed il mp).

Già su questo ultimo episodio Petrassi ha eliminato il supporto dei violoncelli e dei contrabbassi, e dunque ora non resta al flauto che uscire di scena in maniera sapientemente elegante, e, dopo aver fatto sfoggio a guisa di moderno pavone del suono e del timbro di un'ultima variazione dinamica su pedale di re#1, rapido, dolcissimo e vellutato congeda il suo personaggio con una scala cromatica che arriva proprio su un armonico di Do3, da tenere al possibile sfumando, mentre le percussioni escono letteralmente di scena congedandosi ad una ad una con la caratteristica figurazione di cesura acefala, lasciando infine alla gran cassa, l'arpa e la chitarra un ultimo, delizioso cesello conclusivo.

Luciano Michelini

Scrivere su Severino Gazzelloni e volerlo definire, sarebbe come scrivere e definire il vento.

Si può definire il soffio magico che uscendo dal suo flauto d'oro ha stregato migliaia di persone per tantissimi anni e innumerevoli concerti?

Ricordo con immenso affetto il suo splendido attico romano vicino Corso Francia, su un letto nella camera degli ospiti c'erano ben allineati partiture e programmi con tanto di date, che riguardavano concerti da eseguire prenotati per anni, una cosa incredibile!

Severino aveva una capacità polmonare straordinaria, un po' come il Re degli abissi Maiorca, che gli permetteva una emissione di suono unica al mondo, una padronanza tecnica, un legato, un fraseggio, unico ed irripetibile. Io ho avuto la fortuna di accompagnarlo per tantissimi anni, da giovane pianista ho imparato l'umiltà, a non primeggiare da solista ma a servire umilmente il canto magico del suo flauto. Ricordo che lui mi spronava con un gesto del braccio per gli assoli pianistici che le partiture mi permettevano con mia grande gioia. Di lui ricordo il rigore e il rispetto assoluto per gli autori che interpretavamo, da Vivaldi a Bach, da Debussy a Mozart.

Nel repertorio della musica d'avanguardia era un asso assoluto, sfruttando fino al midollo tutto il potenziale tecnico del suo flauto con suoni frullati, con glissati, scale e armonici, assolutamente innovativi. Molti autori come Boulez, Maderna, Petrassi, e tanti altri, scrivevano apposta per lui.

Per quanto riguarda l'interpretazione dei grandi classici, un discorso a parte è quello del suo modo di realizzare i così detti abbellimenti, trilli, mordenti, acciaccature e gruppetti, venivano incastonati come gemme preziose tra le note scritte dai grandi geni della musica, e ne diventavano una parte integrante e insostituibile, un valore aggiunto insomma. Io sono stato il suo arrangiatore, abbiamo registrato molti 33 giri oltre al repertorio squisitamente classico, altri brani classici rivisitati in chiave moderna con grande orchestra, e anche lì con sapienza e una certa ironia, offriva un'interpretazione di livello eccezionale. Tra moltissimi pezzi gli trascrissi il Clair de Lune di Debussy per flauto in Sol e pianoforte, una vera e propria perla in cui la musica del grande autore francese assume nuove dimensioni, nuove sonorità, profondamente inserite nel clima dell'impressionismo più puro. Da lui ho imparato a suonare "legato", noi pianisti suoniamo uno strumento la cui meccanica, tra corde, tasti e martelletti, non permette un vero "legato", un vero "cantato", colori che risultano quasi impossibili. Gazzelloni mi ha insegnato come arrivare ad un "legato" accettabile, fraseggiando in un certo modo, articolando pochissimo con una leggera pressione dell'avambraccio e usando il pedale del pianoforte, che è un po' il polmone che ci permette di legare i suoni non in maniera istantanea ma progressiva.

Quando provavamo lui era al mio fianco ed io sentivo il soffio del suo respiro accanto a me, e in qualche modo era un po' come sentire il respiro della sua anima accanto alla mia. Quello che è certo è che la sua genialità, e la sua umanità ed il suo modo di "essere musica", resteranno nei miei ricordi e nel mio cuore per sempre.

Gian-Luca Petrucci

La formazione musicale di Severino Gazzelloni fu essenzialmente intuitiva e, come per la stragrande maggioranza degli strumentisti a fiato del periodo, l'esperienza bandistica rappresentò la condizione primaria di tale acquisizione. I passaggi successivi furono la pratica nelle piccole orchestre presenti nei cinema, negli spettacoli di varietà e la partecipazione alle orchestre "di giro" che eseguivano nei Teatri di provincia i più celebrati melodrammi.

Esperienze non di grande spessore musicale, ma atte a formare tuttavia "un'agilità" esecutiva e una rapidità di realizzazione che certamente contribuirono alla costruzione della personalità artistica di un uomo che credeva fortemente in se stesso.

Gazzelloni fu il primo musicista classico in Italia a essere protagonista di pubblicità televisiva, a incidere brani classici rivisitati in chiave pop, a partecipare a spettacoli televisivi e radiofonici di grande popolarità. Tutte cose che, vissute in maniera non episodica, lo fecero divenire un personaggio amato e conosciuto da un vastissimo pubblico.

La popolarità raggiunta e la stima dei maggiori esponenti della vita musicale accademica furono motivate non solo dalla sua attività come interprete, didatta, dedicatario di composizioni da parte di grandi autori e quant'altro, ma anche da una natura capace di cogliere al momento giusto alcune opportunità legate a differenti momenti della società.

Anni or sono, da un sondaggio operato su diversi strati della popolazione italiana, emerse che i nomi maggiormente conosciuti del mondo della musica erano Stradivari, Toscanini, Gazzelloni.

Detto questo, si deve ricordare e sottolineare quanto Gazzelloni debba al miracolo della vocalità italiana che avrebbe condotto alla stupenda stagione dell'opera dell'età romantica e influenzato nelle inflessioni e nella pronuncia lo stile esecutivo di tutti gli strumenti e, in modo particolare, del flauto.

I grandi operisti ispirati, come Rossini, Bellini, Donizetti, Mercadante, Ponchielli, Verdi, Boito, rivelarono la forza d'espressione e comunicativa del canto e fu su questi stilemi stilistici che i caratteri distintivi del flautismo italiano delinearono, sempre maggiormente, i netti contorni dell'adozione di una cantabilità affettiva che facesse da tramite fra il brano eseguito e lo spettatore. L'essenziale criterio distintivo fu sempre più l'immedesimarsi con gli stati emotivi evocati dalla musica, ricercando il privilegio di suonare commovendo attraverso il sonar-cantando melodico e alato che, fondendo l'azione tecnica e il sentimento in un'unità completa di puro suono, rivelasse passioni ed espressione.

Una testimonianza reale e vivacemente convincente di questo stile esecutivo fu rappresentata da Severino Gazzelloni, il quale riuscì pienamente a coniugare le istanze generate dalle formule espressive della musica nuova con la sua formazione radicata nell'Ottocento ed il proprio convincimento dell'unicità ed irripetibilità dell'evento musicale.

Gazzelloni giunse ad avere un "suono" unico e immediatamente riconoscibile. Caratteristica che lo pose, e ancora oggi lo pone, sullo stesso piano dei grandi cantanti lirici vissuti fra la fine dell'Ottocento e la prima metà del Novecento.

Adesso, a più di venticinque anni dalla sua scomparsa, allievi e colleghi che conservano il ricordo del suono e del fraseggio di Gazzelloni sanno che non bisogna far dimenticare ciò che egli ha rappresentato per la Scuola Italiana del flauto.

Emuli nazionali e internazionali non mancano ma l'eredità artistica di Gazzelloni, proprio per via della sua unicità, non può essere raccolta da alcuno e la consapevolezza di ciò è il maggior tributo che gli si possa riconoscere.

Michele Marasco

Ho ascoltato Severino Gazzelloni dal vivo più volte quando ancora ragazzino decidevo che avrei voluto seguire il mio desiderio di diventare un musicista. Le sue esecuzioni, specie del repertorio contemporaneo, erano intriganti, sapeva coinvolgere l'uditorio nelle sue trame esecutive. Il suo Vivaldi era luminoso, il repertorio ottocentesco sempre brillante.

Poi vennero gli anni della mia collaborazione con Luciano Berio, ogni volta che preparavamo assieme un suo brano per flauto — *Sequenza I, Altra Voce, Serenata* ma anche *Musica su Due Dimensioni* di Maderna – mi parlava di Severino e delle sue capacità solistiche e interpretative, di come sapesse sedurre il pubblico.

Infine per alcuni anni ho collaborato alla direzione artistica del Festival Gazzelloni nella sua città natale, Roccasecca, e a lui ho voluto intitolare il concorso *"Borse di studio Gazzelloni"*, giunto quest'anno alla 18° edizione, che ha visto tra i premiati alcuni tra i migliori giovani flautisti italiani ed europei.

Spero che il prossimo 2019, centenario della nascita, veda numerose le occasioni editoriali, musicali, esecutive, che possano rendere omaggio a questo grande della musica del '900.

Paolo Totti

Ho ascoltato la prima volta il Maestro quando non avevo ancora compiuto 10 anni: era la sera del 14 agosto 1981, nell'anfiteatro romano di Alba Fucense, ai piedi del maestoso massiccio del Monte Velino.

L'antico "circo" era gremito all'inverosimile sino addirittura alle gradinate più lontane coperte dall'erba ed inizialmente non previste per il pubblico. Ricordo la palpabile magia della serata, e sembrava addirittura che financo la luna piena, incredibile e meravigliosa lucerna gialla e quasi calda, fosse sorta apposta per contrappuntare e fare da cornice al luccicante Flauto d'oro del Maestro, che mi trasmise un entusiasmo ed un Amore per la Musica talmente incredibili da marchiarmi nel vero senso della parola e quindi decidere, di fatto, le sorti del mio futuro esattamente in quelle due ore di gioia ed incanto puri.

Avevo come ho scritto 9 anni, e mai ascoltato un Flauto Traverso, ma ne uscii con la nettissima sensazione di essere un bambino arricchito, migliore, e di aver assistito ad un evento unico, magico, entusiasmante, coinvolgente, evento dove il pubblico al termine del recital richiamò al meraviglioso soffio il Maestro chiedendo una tale quantità di bis che finirono per superare nella durata la parte "ufficiale" del programma!

Penso quindi di essere stato fortunatissimo ad aver avuto un imprinting del genere, che ha poi caratterizzato tutto il mio cammino musicale nei suoi molteplici lati direzionali e poietici, come se la luce elegante di quella luna, lo sfavillare di quel Flauto d'oro unitamente al sorriso del Maestro mi abbiano portato fortuna, protetto, indicato la via nella modalità costante dell'entusiasmo, dell'Amore per la bellezza, del rispetto per la naturale eleganza del nostro antichissimo strumento, la comunicatività con il pubblico, la passione per la Vita artistica e la Vita tutta.

La mia Vita tutto questo è stato, e per questo io mi sento di dire, dal profondo del mio cuore, un profondo grazie al Maestro Severino Gazzelloni.

A 26 anni dalla scomparsa del Maestro quali sono i ricordi indelebili fissati nella sua memoria

Più che ricordi io preferisco parlare di una vera e propria "presenza" di mio Padre, che avverto ancora oggi nella nostra casa di Colle Magno, sopra Roccasecca. Ho lì tutti i suoi oggetti, il suo ultimo Flauto, addirittura il suo meraviglioso abito da concerto ancora appeso al suo posto. Non ho il "culto" dei morti e non vado mai a trovarlo al cimitero perché lo sento a casa, vivo, come un filo che non si sia mai spezzato.

Quale è stato il più grande contributo del Maestro al mondo del Flauto Traverso

Lo sta ancora dando: aver "sdoganato" i concerti di musica classica verso i centri più piccoli, aver portato il flauto nelle piazzette di tutta Italia cosa che dopo di lui hanno poi iniziato a fare tutti i musicisti classici, anche non flautisti.

Cosa raccontava suo Padre degli anni di Darmstadt

La considerava il suo El Dorado, un periodo fervido, magnifico a 360° e soprattutto luogo ove aveva conosciuto grandi amici in ambito musicale ed anche il geniale costruttore di flauti Johannes Hammig che poi gli costruì i migliori strumenti della sua lunga carriera.

Quali erano pregi e difetti del Maestro

I difetti consistevano fondamentalmente in un accentuato narcisismo, da lui sempre confessato anche nelle interviste, ed in una fanciullesca prodigalità. Il suo innegabile pregio umano era la estrema e costante disponibilità verso gli altri, che musicalmente si traduceva in una medesima serietà ed impegno musicale sia che stesse suonando alla Scala come nella più piccola piazzetta di un paesino sperduto.

Come erano le sue giornate tipo, il suo stile di vita

Mio Padre aveva uno stile di vita molto sano, non fumava, faceva lunghe passeggiate, pochissima televisione (preferiva ascoltare la Radio). Aveva la caratteristica di dormire in maniera molto profonda ed ovunque, cosa che ad esempio lo aiutava a ricaricare le energie tra un concerto e l'altro anche quando dovevamo fare centinaia di chilometri e lo accompagnavo con la storica Porsche bianca. Quando invece era a casa faceva la spesa giornalmente poiché amava moltissimo la popolarità "spicciola" che riscontrava uscendo anche solo nel quartiere Fleming negli anni in cui aveva casa a Roma, e si cucinava da solo. Inoltre amava moltissimo il cinema quindi nelle sere libere dai concerti era spesso a guardare qualche film.

La cosa di cui era più orgoglioso e quella che lo aveva deluso di più

Non si affezionava alle "cose" in particolare o al singolo evento, era diciamo più orgoglioso di se stesso "in toto": una visione globale ma sempre volta al futuro, al punto che se dovessi citare le sue frasi più belle riguardo il tempo che passava sono "La vita è domani" e "aggiungo Vita agli Anni". Di fatto non "sezionava" un singolo risultato artistico, un momento in particolare, non tendeva a storicizzarsi insomma. La sua più grande delusione fu la Tournée negli Stati Uniti che gli fu cancellata a causa di un suo intervento musicale ad un raduno del P.C.I. a fianco di Enrico Berlinguer. Mio Padre ne rimase talmente colpito ed amareggiato che quando l'anno successivo dall'altro lato arrivò una seconda proposta Lui la percepì come un tentativo goffo di risistemare le cose, e non accettò. Fu quella la volta in cui andò Jean-Pierre Rampal e conobbe tra gli altri Woody Allen che lo citò come un cameo in uno dei suoi film. Ecco, tutta questa storia con le sue conseguenze lo amareggiarono molto.

Cosa pensava del futuro del mondo del Flauto

Non gli ho mai sentito dire nulla in proposito, proiettato come era esclusivamente sulla sua Vita.

Come viveva la sua vera e propria "unicità"

In maniera semplicemente conscia, e si era abituato a conviverci.

Come era Gazzelloni "Uomo", in famiglia

Un ricordo molto forte, molto "umano" che ho di mio Padre è la sua sofferenza durante e dopo il difficile momento del divorzio da mia Mamma Adriana, che se pur aveva voluto Lui, a causa del momentaneo allontanamento e della acredine mia e di mio fratello nei suoi confronti ebbe il rovescio della medaglia di una vivissima forma di mortificazione. Negli anni successivi riuscimmo poi a recuperare il nostro rapporto, ed allora posso dire che non ebbi mai la sensazione di un Padre nel senso classico del termine, ma quella di un "amico", giusta o sbagliata che sia la cosa fu esattamente così, ed anche questo forse faceva parte di un lato fanciullesco, un lato che tendeva forse a minimizzare, a soprassedere sulle rigide responsabilità della Vita "reale" ed a vivere invece intensamente ed in maniera sacra quella artistica.

Per quale motivo l'impressione che si è avuta dopo la sua morte nel 1992 è stata per certi versi e da alcuni lati del mondo flautistico quella di una volontà di accantonare, silenziare e tentare di dimenticare con molta fretta il Maestro

Lo spiego con una sola parola: invidia.

Quale è il testimone, il messaggio che ha lasciato ai giovani di oggi al di là del suo significato storico

L'importanza della musicalità al di là delle note (che pure ci devono esser tutte, e giuste!), il rapporto con il pubblico che si conquista subito, appena saliti sul palco, l'eleganza, il sorriso, l'assenza di elementi disturbatori, fosse anche l'orologio che lui si toglieva sempre prima di suonare, rispetto al fluire della Musica da parte del suo esecutore.

Quelli che *il flauto lo hanno suonato come nessuno al mondo.*
Quelli che *con il respiro e il flauto d'oro dialogavano con gli angeli.*
Quelli che *con il flauto, hanno insegnato la vita.*
Quelli che *con il flauto hanno fatto la Musica.*
Quelli che *hanno fatto il mondo.*

In questo lavoro si sono voluti evitare finora di proposito cenni bio-grafici relativi al M° Gazzelloni che non fossero strettamente pertinen-ti alle tematiche trattate, come ad esempio la permanenza a Darmstadt o alcuni commenti che egli stesso ci ha lasciato nelle interviste o nella autobiografia.

Eppure un commento alla sua vita artistica deve essere riportato se non altro come valutazione del senso della "lezione" del Maestro che, come abbiamo tentato di dimostrare, è in primis una lezione metaflauti-stica e ,diremmo oggi con il senno del poi, in fondo anche metamusica-le in senso stretto:

Gazzelloni ha dimostrato al mondo musicale del secondo novecento quanta forza abbia in se il duro lavoro dello strumentista, e quali traguar-di si possano raggiungere quando una sorta di amore quasi fideistico ac-compagna lo studio così tenacemente condotto.

È vero, amore per il flauto, un amore che rasentava l'ossessione, come ricorda l'amico pittore Gino Marotta — *"Severino era più geloso dei suoi flauti che delle sue donne..."*[85].

Ma amore prima di tutto per la vita e per la musica in tutte le sue for-me, che divengono veramente nel Maestro un tutt'uno inscindibile.

Una Musica esplorata anche in campi sinergici prima mai neanche immaginati, come ad esempio quello della collaborazione "eterodossa" con Tullio De Piscopo che così ricorda il Maestro:

"Anch'io ebbi l'onore di suonare con Severino: strepitosi i suoi interventi jazzistici nella suite composta da Enrico Intra Nuova Civiltà, con Enrico Intra al pianoforte, Giancar-lo Barigozzi al sax soprano e tenore, Sergio Farina alla chitarra, Bruno Crovetto al bas-so elettrico e io alla batteria.
Ricordo che, quasi sempre, in camerino, alla fine di ogni concerto, la prima cosa che mi diceva era: «Ahò! Je l'avemo ammollata stasera eh?!».
Se qualche volta non era lui a dirlo, lo ripetevo io e lui rispondeva: «Ammazza! Ahò!».
La mia collaborazione con Gazzelloni continuò con un prestigioso spettacolo: Il flauto danzante, su musiche di Antonio Vivaldi, Edgard Varèse e Johann Sebastian Bach. Ese-

---

85 G. MAROTTA, *Rosso di Cinabro*, Edizioni Enne, Campobasso, 2000.

guito in duo batteria, percussioni e flauto con i danzatori Amedeo Amodio e Carmen Ragghianti. La prima di questo spettacolo fu al Festival Internazionale del Balletto ai Parchi di Nervi nel luglio del 1978, e ottenne un grandioso successo dalla critica e dal pubblico. Fino al dicembre del 1980 fummo ospitati dai più grandi teatri e dalle rassegne musicali di tutta Italia. Anche Eric Dolphy, polistrumentista e compositore americano di jazz, non rimase impassibile al suono del maestro e gli dedicò un brano chiamato Gazzelloni in uno dei suoi storici lp: "Out to Lunch!".
Va detto che Severino si era espresso molto positivamente sulle capacità sonore e musicali di Dolphy, che aveva apprezzato durante un concerto in Europa.
Severino Gazzelloni. Un amico, un maestro, un genio..."[86].

Se la lezione di Gazzelloni dovesse essere riassunta in due parole esse sarebbero amore e sacrificio, ove amore è quell'accezione etimologica platonica di entusiasmo, ovvero *en theos*, avere il Dio dentro, con l'energia, la positività e la fede nel proprio lavoro che questo comporta.

Non dimentichiamo che oggi, quando forse come non mai nella storia dell'uomo ed in particolare della Musica si avvera con accezione negativa il motto che Shakespeare utilizza nel King Lear:

"Sei matto?
Per vedere il mondo come va,
non c'è bisogno degli occhi.
Guardalo con gli orecchi!"

è necessario ancor prima che criticare le concezioni estetiche e le mode degenerative (soprattutto a livello di media cui abbiamo paurosamente assistito negli ultimi anni) chiarificare la necessarie modalità temporali di un lavoro i cui frutti non si perdano nel tempo e altresì non chiedano di arrivare troppo presto.

E sembra allora di vedere la lenta ma straordinaria costruzione della carriera di Gazzelloni, assolutamente disinteressato alla sua storicizzazione teso com'era, sempre, ad una dimensione proiettiva costante.

Gazzelloni che gira ancora bambino con le migliori bande del meridione e che, dopo una fugace presenza con Tassinari a S. Cecilia come studente milita nelle orchestrine di Macario e Semprini per approdare poi al primo Leggio dell'Orchestra Sinfonica di Belgrado prima e dell'E-IAR di Roma (futura RAI) dopo.

Un flautista che sin dagli inizi avvicina chiunque gli capiti a tiro per organizzare l'evento musicale, e che, come ampiamente sottolineato, spinge stuoli di compositori a scrivere brani sorprendenti e che lasciano un segno fondamentale nella storia della musica del secondo novecento.

Da ultimo, un personaggio amato perché possessore di una delle doti più rare, ovvero quella del senso del meraviglioso, il Thaumàzein.

---

86 T. De Piscopo, *Ibid.*

Ci ricordano i due massimi pensatori del pensiero antico, Aristotele e Platone che

"Gli uomini, sia nel nostro tempo sia dapprincipio, hanno preso dalla meraviglia lo spunto per filosofare"[87] e che "è proprio del filosofo questo che tu provi, di esser pieno di meraviglia; né altro cominciamento ha il filosofare che questo; e chi disse che Iride fu generata da Taumante, non sbagliò, mi sembra, nella genealogia"[88].

Ma noi vogliamo anche notare che Iride, la figlia di Taumante condivide la genealogia della radice verbale di Irein, che significa dire, parlare, manifestare.

Ebbene, il Maestro aveva da un lato pienamente il dono del Thaumàzein e della fanciullesca gioia ad esso inestricabilmente connessa, e, dall'altro, la capacità di coinvolgere tutti con uno straordinario senso del magico e di compartecipazione relativamente all'evento esecutivo.

Furono precipuamente queste le doti che lo distinsero da tutti i suoi colleghi, e che lo posero all'attenzione dei compositori suoi coetanei sia nella bellissima ed unica esperienza degli anni di Darmstadt, sia dopo nell'allargamento del compasso in un fenomeno carsico che, a tutt'oggi, non ha ancora lontanamente trovato degni eredi spirituali.

Vogliamo chiudere questo nostro lavoro con le parole di chi ebbe la fortuna di godere della amicizia e della stima artistica del Maestro, e che con una chiosa ad un commento di Enrico Cavallotti riesce con poche fulminanti parole a delineare sinteticamente la straordinarietà di questo grande personaggio.

"[...] un piano di assoluta unicità. La sua arte, specificatamente italiana, in grado di soppesare il "suono" con naturalezza raffinatissima e preziosa, di esporre con tale sicurezza da disorientare, inizialmente, per poi farsi ammirare per la semplicità con cui veniva effettuata una operazione culturale difficilissima, coglie l'attenzione al massimo grado costituendo di per sé una grande attrattiva, indipendentemente dal programma, con una efficacia ed eleganza che rappresentavano qualcosa di straordinariamente indefinibile che travalicava la stessa oggettiva presenza fisica. Scrive Enrico Cavallotti: "Ogni vero interprete, nel dare attuazione e soddisfacimento alla propria natura musicale, contribuisce direttamente a soddisfare la vita e la cultura della musica.
Ma Severino Gazzelloni inverte questa logica conseguenza. Egli sembra infatti realizzare compiutamente il proprio impulso artistico allorché ritiene di contribuire alla promozione ed all'elevazione della domanda sociale della musica.
Da qui deriva la capillare e ripetuta presenza del flautista in ogni parte d'Italia: dai grandi teatri alle più prestigiose sale da concerto ai centri minori del nostro paese. Una presenza ed un impegno costanti sempre tesi all'estrinsecazione più chiara ed eloquente del suo bisogno di comunicare ed infondere "l'amor di musica" e su di esso fondare il contatto, il senso di felicità, l'amicizia col pubblico, vasto o ristretto, sofisticato od ingenuo che sia".

---

87 ARISTOTELE, *Metafisica*, A, 2.
88 PLATONE, *Teeteto*, 155d.

Un profilo perfetto del "figlio del sarto" giunto alla Laurea "ad honorem" nel 1990 attraverso una delle più belle avventure culturali del Novecento"[89].

---

89 G. Petrucci, *Dossier su Severino Gazzelloni*, FaLaUt Anno I n°2, Pompei, 1999.

La difficoltà maggiore incontrata nella ricerca bibliografica e nel supportare il lavoro di interpretazione personale con validi testi scientifici consiste in una mancanza di studi specifici che connettano con una seria analisi il flauto traverso alla avanguardia musicale del secondo '900 e ne analizzino il rapporto osmotico che tra essi si creò.

Accanto infatti a lavori precipuamente dedicati alla scuola di Darmstadt e alla Nuova Musica in generale vi sono pochi testi che affrontano la problematica da una prospettiva flautistica rispettando un approccio scientifico e musicologicamente adeguato.

Per questo motivo si è ritenuto opportuno inserire anche tutta la serie di brevi articoli comparsi sulle riviste flautistiche *Fa La Ut* e *Syrinx*, nonché le note di copertina di alcuni dischi dedicati a Boulez, Nono e Petrassi.

AA. VV. *Gazzelloni su Severino Gazzelloni,* (Roma, Editrice Magma, 1977).

J. Aguila, *Le Domarne musical: Pierre Boulez et vingt ans de création contemporaine* (Paris, Fayard, 1992).

C. Ambrosini, *Musica contemporanea e notazione,* in «Studi musicali», ix (1979), pp. 303-18.

M. Baroni, R. Dalmonte, *Maderna, documenti* (Milano, Suvini Zerboni, 1985).

B. Bartolozzi, *nuovi suoni per i legni*, Suvini-Zerboni, Milano 1984.

L. Berio, *Intervista sulla musica,* a cura di R. Dalmonte (Bari, Laterza, 1981).

J. Boivin, *La classe de Messiaen* (Paris, Bourgois, 1995).

G. Borio, *Analisi come processo di appropriazione storica: Webern e il circolo di Darmstadt,* nella miscellanea *Anton Webern. Un punto, un cosmo,* curata da Mauro Casadei e Turone Monti (Lucca, LIM, 1998, pp. 47-91).

G. Borio, *La nuova ricerca sull'opera di Luigi Nono* (Olschki, Firenze, 1998).

G. Borio - H. Danuser, *Im Zenit der Moderne: Die Internationale Ferienkurse für neue Musik Darmstadt 1946-1966,* (Freiburg im Breisgau, Rombach, 1997).

M. Bortolotto, *Fase seconda: Studi sulla nuova musica* (Torino, Einaudi, 1969).

P. Boulez, note di copertina del disco Véga Record C 30A139.

P. Boulez, *Par volontà et par basard,* Paris, Seuil, 1975 (*Per volontà e per caso. Conversazioni con Célestin Deliège,* Torino, Einaudi, 1977).

P. Boulez, *Penser la musique aujourd'hui,* Mainz, Schott, 1963 (*Pensare la musica oggi,* Torino, Einaudi, 1979).

P. Boulez, *Points de repère*, Paris, Bourgois, 1981 (*Punti di riferimento*, Torino, Einaudi, 1984).

P. Boulez, *Relevées d'apprenti*, Paris, Seuil, 1966 (*Note d'apprendistato*, Torino, Einaudi, 1968).

P. Boulez, *"Schönberg is dead"*, The Score n° 6, Maggio 1952.

J. Cage – P. Boulez, *Correspondance et documents*, a cura di a cura di Jean-Jacques Nattiez (Winterthur, Amadeus, 1990; nuova ediz. riv., Basel-Mainz, Schott, 2002).

A. Clementi, *Presentazione del concerto del 21 settembre 1960* al "XXIII Festival" di Venezia.

A. Cooper, *The Flute*, a cura dell'Autore, London 1980; (*Il flauto*, a cura di Gian-Luca Petrucci, Turris, Cremona 1995).

L. Cosi, *Giuseppe Oronzo e Giovanni Battista Leone costruttori di strumenti a fiato nella Lecce preunitaria*, (Liuteria Musica e Cultura, 1998).

R. Cresti, *Il pensiero del suono, scritti su Luigi Nono*, Rugginenti, Milano 2002.

R. Dalmonte (con AA VV), *Il gesto della forma. Musica, poesia e teatro nell'opera di Luciano Berio* (Milano, Arcadia, 1981).

A. De Benedictis, *Il Flauto a Darmstadt*, Syrinx, n. 15, gennaio-marzo 1993, pp. 8-11.

L. De Lorenzo, *My Complete Story of the Flute* (New York Texas Tech University Press, 1951).

C. Dorgeuille, *The French Flute School*, (Tony Bingham London 1986).

U. Eco, *Opera aperta*, (Milano, Bompiani, 1962; 1967²).

G. Fagnocchi, *Lineamenti di storia della letteratura flautistica* (Faenza, Moby Dick 1999).

L. Fleury, *The flute and its Powers of Expression*, 1922.

M. Francolino, *60 anni di musica*, (Istituzione Universitaria dei Concerti, Roma 2004).

F. Galante – L. Pestalozza, *Metafonie. Cinquanta anni di musica elettronica* (Lucca, LIM, 1998, «Quaderni di Musica/Realtà», 42).

F. Galante – N. Sani, *Musica espansa. Percorsi elettroacustici di fine millennio*, (Milano, Ricordi, e Lucca, LIM, 2000, «Le Sfere», 34).

A. Gentilucci, *Guida all'ascolto della musica contemporanea* (Milano, Feltrinelli, 1969; 1978²).

A. Gentilucci, *Introduzione alla musica elettronica*, (Milano, Feltrinelli, 1972).

A. Goléa, *Rencontres avec Pierre Boulez* (Paris, Julliard, 1958).

E. Granzotto, *Il Flauto d'oro,* (ERI, Torino 1984).

G. Graziosi, *L'interpretazione musicale,* (Einaudi Torino, 1952).

P. Griffiths, *The Thames and Hudson Encyclopaedia of 20th - Century Music,* (London, Thames & Hudson, 1986).

J. Guyonnet, *Presentazione del concerto del 13 aprile 1963* al "XXVI Festival" di Venezia.

J. Huntley, *The Technique of film music* London, Focal Press 1957.

Jean-Pierre Rampal, *Musica e flauto, amori miei* (Milano, Nuove Edizioni, 2002).

E. Karkoschka, *Das Schriftbild der Neuen Musik,* Celle, Moeck, 1966 (trad. ingl., col titolo *Notation in New Music. A Critical Guide to Interpretation and Realisation,* Wien-London, Universal, 1969).

G. Lazzari, *Il flauto traverso* (EDT Torino 2003).

B. Maderna - W. Steinecke, *Carteggio/Briefwechsel,* a cura di R. Dalmonte (Lucra, LIM, 2001, «Quaderni di Musica/Realtà», 49).

G. Marotta, *Rosso di Cinabro,* edizioni enne, Campobasso 2000.

O. Messiaen, *Technique de mon langage musical,* Paris, Leduc, 1944 (con un secondo volume di esempi, 1948).

S. Miceli, *Musica e cinema nella cultura del Novecento,* Firenze.

M. Mila, *Maderna, musicista europeo* (Torino, Einaudi, 1976).

M. Mila, alla voce *Petrassi,* in D.E.U.M.M., *Le biografie* Vol. V, (U.T.E.T Torino 1985).

M. Mollia, *Autobiografia della musica contemporanea* (Cosenza, Lerici, 1979).

L. Nono, *Scritti e colloqui,* a cura di A. I. De Benedictis e V. Rizzardi, (2 voll., Milano, Ricordi, e Lucca, LIM, 2001, «Le Sfere», 35).

A. Orcalli, *Fenomenologia della musica sperimentale* (Potenza, Sonus, 1993).

D. Osmond-Smith, *Berio* (Oxford, Oxford University Press, 1991).

G. Petrucci, *A colloquio con Aurèle Nicolet,* Falaut anno III n° 11, Pompei 2001.

G. Petrucci, *La scuola flautistica italiana,* Falaut Collection ,Napoli, 2002.

G. Petrucci, *La didattica flautistica italiana del secondo ottocento e del primo novecento .Alcune considerazioni* (FaLaUt Collection Napoli 2002).

G. Petrucci – M. Benedetti, *S. Gazzelloni il flauto del '900,* (F. Pagano Editore Napoli, 1993).

G. Petrucci, *Giulio Briccialdi il Principe dei Flautisti,* Zecchini Editore, Varese, 2018.

G. Petrucci, *Severino Gazzelloni Il flauto protagonista,* Zecchini Editore, Varese, 2018.

L. Pinzauti, *Musicisti d'oggi. Venti colloqui* (Torino, ERI, 1978).

A. Pomettini, *I primi flauti Böhm in Italia* in Syrinx n° 60 Aprile 2004, poi ripreso nel *capitolo Il sofferto passaggio al sistema Böhm in Italia ne "Il Flauto in Italia"* (Edizioni Poligrafico dello Stato 2005).

B. Porena, *Presentazione del concerto del 9 settembre 1964* al XXIX Festival di Venezia.

R. Pozzi, *II suono dell'estasi. Olivier Messiaen dal 'Banquet celeste' alla 'Turangalila-Symphonie'* (Luccca, LIM, 2002).

P. Rattalino, *La piazza di Roccasecca,* in AA.VV, *Omaggio a Gazzelloni il flauto d'oro,* Synphonia, Anno IV n° 24.

E. Restagno, *Berio* (EDT, Torino, 1995).

E. Restagno, *I Giorni di Darmstadt, in AA VV Musica Società e Cultura,* Vol. V la musica contemporanea (Torino, Regione Piemonte, Assessorato alla Cultura, 1984).

E. Restagno, a cura di, *Petrassi,* contributi di AAVV (Torino, EDT/Musica, 1986).

F. Sconzo, *Il Flauto ed i flautisti,* (U. Hoepli, Milano, 1930).

F. Sconzo, *L'auletica,* Saggio critico sulla moderna scuola del Flauto, (Arti grafiche S. Pezzino e figli Palermo, 1925).

K. Stone, *Music Notation in thè Twentieth Century,* (Norton New York,1980).

I. Strawinskij, *Memorie* (trad. ital. di L.B. Savarino *Colloqui con S.* (Torino, Einaudi 1977).

D. Tortora, *Nuova Consonanza: Trent'anni di musica contemporanea in Italia 1959-1988,* e Ead, *Nuova Consonanza 1989-1994* (Lucca, LIM, 1990 e 1994).

A. Trudu, *La 'scuola' di Darmstadt. I Ferienkurse dal 1946 a oggi* (Milano, Unicopli-Ricordi, 1992, «Le Sfere», 18).

A. Vaccarone, *Riflessi di un flauto d'oro,* Riverberi Sonori, Roma 2002.

A. Valle, *La notazione musicale contemporanea. Aspetti semiotici ed estetici* (Torino, DeSono-EDT, 2002).

D. Vinton, *Dictionary ofT wen-tieth-Century Music* (London, Thames&Hudson, 1974).

R. Zanetti, *Boulez* in D.E.U.M.M., *Le biografie* Vol. I, U.T.E.T Torino 1985.